# Paolo, la présence de l'absent

René Guitton

# Paolo,
# la présence de l'absent

DESCLÉE DE BROUWER

Éditions Desclée de Brouwer
10 rue Mercœur – 75011 Paris
9 espace Méditerranée – 66000 Perpignan

*www.editionsddb.fr*

ISBN : 978-2-220-09806-7
EAN Epub : 9782220098098

*Le sens de toute chose réside peut-être dans l'absence de sens.*

Gao Xinjiang,
prix Nobel de littérature,
*La Montagne de l'âme.*

Avant tout, je tiens à l'affirmer bien haut ; je veux te considérer vivant, Paolo, bien vivant, extrêmement vivant, tel que je t'ai toujours connu, puissant, en pleine force, dans tes méditations comme dans tes utopies. Tu as disparu du côté de l'Euphrate, vers Rakka. Disparu… Depuis, aucune preuve de ta vie ne nous est parvenue, ni aucune preuve de ta mort. Rien ne dit que tu n'es plus. À croire ou ne pas croire, je préfère prendre le pari que tu es, tel que tu étais, souleveur de montagne et montagne toi-même, immense, bâti en gladiateur.

Fort de ton charisme spirituel et social, fier de ta naissance romaine à la verve généreuse, tu portais haut le Verbe et tonitruais tes vérités, prêt à braver tous les dangers pour le triomphe de tes convictions. Le ciel avait inscrit ta vocation de manière congénitale : dialogue, partage, fraternité, défense des opprimés, foi et humanisme… autant de singularités que certains jugent aujourd'hui d'un autre temps, voire dépassées. Tu soutenais les malheureux d'un simple regard, mais d'un regard qui parlait haut lui aussi quand les circonstances t'interdisaient de prendre la parole.

Après des années d'amitié, nous nous sommes retrouvés à Paris au pied du Panthéon, ce vendredi 15 mars 2013, pour manifester notre union avec le peuple de Syrie qui voulait croire au Printemps. Nous étions arrivés sur la place parmi les premiers, impatients de proclamer notre absolu, notre attachement à la cause des tyrannisés. Nous venions répondre à l'appel émouvant de ce chœur syrien si peu perçu en Occident. Nous voulions arracher le bâillon que Bachar al-Assad s'acharne à coller sur la bouche de ses compatriotes, et clamer notre solidarité avec les victimes de ses exactions.

La « vague blanche pour la Syrie » avait réuni peu de monde sur l'esplanade. Veille de week-end peut-être, à moins que ce ne fût la lassitude des luttes vaines. D'autres villes de France avaient lancé le même appel, comme, à l'étranger, Bruxelles, Dakar, Genève, Londres, New York, Washington... Dans l'attente du flot espéré, tu ne peux l'avoir oublié, nous avons évoqué nos révoltes communes, nos illusions et nos errances qui souvent, trop souvent, ont pâti de nos cœurs ambulants. Nous éprouvions le besoin viscéral de raviver nos mémoires, de nous rappeler les bons et mauvais moments. Nous étions là aussi pour réinventer les images et partager avec les autres révoltés des couleurs, des parfums, de la chaleur, du sable, de la musique, des chants, des langages, des traditions, pour prodiguer la vie qui confère à cette région du monde, malgré son extraordinaire diversité, une unité profonde, impalpable parfois, presque immatérielle. Une unité qui peut paraître paradoxale à ceux qui ne l'ont jamais perçue.

Sans oublier nos mésaventures.

Tu te souviens combien nous avons ri au rappel de notre première « turquerie ». Monsieur Jourdain en aurait pâli d'étonnement. En 2006, la fondation américaine Abraham Path Initiative de l'université de Harvard nous avait tous deux convaincus d'intégrer son conseil d'administration d'origine et de participer à son grand projet de dialogue des cultures à travers le monde, plus particulièrement au Moyen-Orient. Leurs responsables t'avaient choisi pour ton engagement farouche en faveur du dialogue islamo-chrétien, et moi pour mes travaux sur ce même dialogue à travers la figure symbolique d'Abraham. Noble et généreux dessein de cette fondation dont douze membres, éminents professeurs, avaient effectué le voyage des États-Unis à Istanbul. Après les salamalecs d'usage, les visites touristiques incontournables au bazar et à Sainte-Sophie, les fast-foods et autres agapes de rue, nous allions prendre le chemin de la Syrie.

Hélas, tous ces joyeux pédagogues au ventre aseptisé, peu habitués aux cuisines locales, allaient vite subir de sévères dérèglements intestinaux. En cours de route, en des régions où les lieux d'aisances s'avéraient chimériques et les pharmacies illusoires, les passagers de l'autocar furent soudain saisis de pressantes contorsions ventrales. Tu pris alors l'initiative des soins, incitant les citoyens de l'Oncle Sam à boire plus que soif les canettes de Coca-Cola emportées pour le voyage. Tu donnas l'ordre impératif de les vider les unes après les autres. Lesquels, des extraits de coca ou de ceux de cola, allaient vertueusement ralentir et apaiser le transit intestinal ? Nul ne se posa la question et chacun but. Une chance que cette panacée universelle contre les dérangements intempestifs soit présente dans les moindres gargotes du bord de route et autres fondouks moyen-orientaux. Après nos razzias coca-colesques, les maux américains se calmèrent dans le bus pour laisser place à un rire sédatif et apaisant.

Au pied du Panthéon, nous avons retenu sous cape notre hilarité mémorielle devant le parterre grossissant d'éternelles personnalités engagées, de femmes et d'hommes politiques, d'artistes, de *people* qui venaient grossir le flot des banderoles. La plupart ignoraient que tu étais, sans aucun doute, l'un de ceux qui connaissent le mieux la Syrie, sa population et les souffrances qu'elle subissait et continue de subir. Tu n'étais pas là pour simplement protester avec ceux qui percevaient de loin l'écho médiatique de la barbarie. Toi, tu savais ce que cette violence signifiait, tu l'avais vécue en son sein. Tu ne pouvais plus supporter d'assister impuissant à la trop longue litanie des douleurs, d'apprendre chaque jour combien s'allongeait la liste des milliers de disparus, ni morts ni vivants, mais évanouis dans les fumées impénétrables de la guerre, dans les geôles du régime, dans le néant de l'oubli. La figure insurgée au milieu des calicots blancs, tu tempêtais contre tous les massacreurs, ceux du pouvoir qui cherchent à éradiquer leurs milliers d'opposants, comme ceux d'Al Qaïda ou de l'EIIL, l'État islamique en Irak et au Levant (Daesh), qui exterminent leurs frères autant que les « infidèles », et détruisent les vestiges multimillénaires de leur propre passé.

Après plus de trente années vécues parmi eux, tu en as vu naître et grandir de nombreux. « Je les connais tous », disais-tu, et tu voulais tous les rencontrer, les appeler au dialogue et à la libération des prisonniers.

Ta religion jamais rassasiée a toujours été le goût des autres, apprendre l'homme, quel qu'il soit, d'où qu'il vienne, pour t'en approcher au plus près, en étudier les modes de vie, les croyances et la philosophie. Le sort des Syriens tient une place particulière dans ton cœur, une place démesurée peut-être. Tu parles couramment leur langue et as intensément étudié le Coran durant des décennies à Naples, Beyrouth, Damas. Tu le pratiques presque aussi bien que les Évangiles. Tu as élargi cette étude passionnelle à la spiritualité islamique, à son ésotérisme et à sa mystique. Cette curiosité affective pour la pensée musulmane et l'arabité t'a d'ailleurs valu les vives critiques de ceux qui sont hermétiques à ton irrépressible soif de savoir, à ta constante volonté d'approfondir ta connaissance de l'islam.

Cette passion arabe et islamique au vrai sens du terme nous renvoyait vers d'autres quêteurs, religieux ou laïques, qui t'ont précédé sur ces mêmes voies : Teilhard de Chardin, scientifique, et prêtre de la Compagnie de Jésus dont tu es issu ; Charles de Foucauld dans sa profonde immersion maghrébine ; René Guénon avec ses travaux sur les métaphysiques de l'Orient ; Louis Massignon qui a étudié à l'université al-Azhar du Caire et a fortement imprégné ta réflexion intellectuelle et spirituelle ; Christian de Chergé, prieur des moines trappistes de Tibhirine en Algérie, etc. Ils sont nombreux, ces penseurs d'Occident, à avoir éprouvé la fièvre de l'Orient. Gageons que tu ne sois pas le dernier.

Nous aimions évoquer les périples de cet autre Italien, Romain comme toi, au cœur tourné vers le soleil levant, Pietro Della Valle, qui a aimé ces mêmes régions jusqu'aux plus lointaines, a voyagé dès 1625 et durant douze ans, sans encombre, jusqu'en Perse. Il a révélé l'écriture cunéiforme, identifié Babylone, et même épousé une Babylonienne sans que ce mariage ait suscité d'hostilité à son égard. En ces temps lointains, le cœur des hommes était peut-être animé de plus de sagesse. Nous avons rêvé d'aller ensemble un jour poser nos pas dans les siens. Chacun est libre de ses utopies. Je m'étais promis de t'offrir ses œuvres complètes dont les huit tomes d'une ancienne édition française attendent ton retour[1].

Tu éprouves pour la Syrie un amour plus immense que tous les déserts, dis-tu, et tu as sillonné le pays en tous sens. Il nous est arrivé à plusieurs reprises de parcourir ensemble « ce grain de beauté sur la joue du monde », comme le chante l'aphorisme arabe, d'y faire des rencontres et des découvertes, je te cite, « toujours enrichissantes, car chaque échange n'est jamais tout à fait semblable au précédent, même avec un vieil ami ».

Mais la véritable œuvre de ta vie réside dans la réhabilitation phénoménale d'une

---

1. *Voyages de Pietro Della Valle*, Robert Machuel Éditeur, Rouen, 1745.

impressionnante bâtisse chrétienne, isolée au milieu de nulle part, dans le désert syrien, à mi-chemin entre Homs et Damas. Dans ce monastère du VIe siècle, accroché à 1 300 mètres d'altitude aux flancs de gigantesques émergences de roche, tu as accueilli durant près de trente ans des hommes et des femmes, sans distinction d'origine ou de religion, sans qu'ils ou elles aient besoin de justifier les raisons de leur passage, dès lors qu'ils ou elles étaient épris de fraternité. À Deir Mar Moussa al-Habachi, en ton monastère de Saint-Moïse-l'Abyssin, tu as restauré la tradition des moines hospitaliers : chaque être humain est chez lui.

La région est marquée par une importante présence d'édifices chrétiens, depuis les origines jusqu'à la période byzantine. Elle porte même les traces de certaines églises bâties au début du christianisme. Dans un premier temps, mon désir de découvrir Mar Moussa répondait à une exigence intellectuelle. J'avais lu et entendu parler de l'entreprise surhumaine, spirituelle et physique, dans laquelle tu t'étais lancé depuis le début des années 1990 avec la communauté monastique que tu as fondée. J'avais une vision quelque peu romantique de ce monastère de l'amour universel perché entre des falaises abruptes, à l'est des monts du Qalamoun. J'y voyais le prolongement d'autres vocations qui avaient agité ma jeunesse. Celle de Charles de Foucauld qui avait accroché son ermitage de l'Assekrem au massif du Hoggar, en Algérie. Cet officier français de cavalerie, lassé des tumultes de sa vie d'aventures, avait eu la révélation de l'infini et s'était converti au dépouillement de la Trappe avec, comme toi, de fortes sympathies pour l'islam. Je retrouvais chez toi ce besoin de retrait au désert, et l'envie de nourrir cette exigence. Je voyais aussi dans ta démarche la poursuite de l'œuvre des moines trappistes de Tibhirine en Algérie, qui cultivaient l'amour de leur prochain et la libre recherche de la Vérité. Il en avait été de même pour la quête des bénédictins du Moyen-Atlas marocain à Tioumiline où, tout jeune enfant, mes parents m'avaient placé en colonie de vacances. Aujourd'hui, j'allais découvrir ton prieuré de Saint-Moïse-l'Abyssin, du nom de ce prince qui vécut en ermite dans les grottes de Mar Moussa.

J'avançais vers ce promontoire pour ressentir et comprendre la fécondité de ton message. Cela s'imposait à moi comme un appel. Mon premier contact matériel et immatériel avec ton monastère commença à des dizaines de kilomètres de là, sur le chemin qui m'y menait. J'arrivais du Liban, me faufilais entre les monts accidentés, les falaises abruptes de l'Oronte et les multiples ravins des torrents qui cherchent à rejoindre la mer. Plus je m'enfonçais dans la trouée d'Homs, plus je sentais le sol vibrer d'une exaltation perpétuelle, celle d'un passé puissant qui se dresse à chaque pas. Sur cette voie subsistent de nombreuses traces des temps anciens. Tous les conquérants ont foulé ces terres, tous ont cherché à contrôler ce corridor naturel, à commencer par Sargon, Ramsès, Cyrus, Darius, Alexandre, Trajan, Hadrien, Héliogabale… et tant d'autres illustres figures dont la seule évocation ne cesse de me fasciner.

J'attrapais quelques bouffées d'air du désert, et avançais entre des troupeaux de chèvres guidés par leur berger bédouin. Dans le très lointain, un air de flûte semblait vouloir presser mes pas. Je m'étais promis d'atteindre Saint-Moïse-l'Abyssin avant la nuit pour y trouver un havre de paix qui me sortirait du brouhaha de l'Histoire.

Quand je parvins sur ta montagne, j'en perdis le souffle, non en raison de la rude escalade des centaines de marches inégales taillées dans la roche, mais à cause de cet horizon qui recule à chaque degré et dévoile un panorama fastueux. Dire « ton » monastère n'est pas un abus de langage, car si la vocation de cette bâtisse résiste encore aujourd'hui, et à le souhaiter bien au-delà de nous, c'est grâce à toi et à la communauté monastique qui t'y a suivi pour redonner existence et sens à ce sanctuaire, après des siècles d'endormissement.

Vêtu d'une grande chasuble de bure grise, et perché sur la dernière marche, tu me reçus en ouvrant large tes bras, geste appuyé de ces traditionnelles paroles arabes d'accueil : un chaleureux « *ahlan wa sahlan* », bienvenue ! Je sentis ton regard fertile plonger dans le mien, le regard lumineux d'un peseur d'âme qui offre son sens le plus juste au mot fraternité. Puis tu devins jovial et tu donnas le ton que tu as instauré en ces lieux de méditation : « Tu tombes bien, on a besoin d'hommes solides pour faire la vaisselle ! »

Après quelques instants où je repris mes forces, tu m'invitas à me baisser pour franchir la petite porte d'entrée de l'édifice, sorte de rituel qui oblige à s'incliner et impose d'emblée l'humilité devant la majesté des lieux. Tu me proposas de prendre le temps d'une pause, puis d'apprécier le lointain et de scruter le Mystère. Je tentais de comprendre le message du silence, ce que me disait le désert et ce qu'il me renvoyait de notre inexistence.

Le jour suivant, je me souviens t'avoir surpris en prière depuis la lourde dalle de pierre en terrasse, une prière pleine de souffle et de lumière qui se mua soudain en un cri jeté à la montagne pour que la fureur ne soit plus. Et la montagne parut se taire pour recevoir ta parole, car ici prêcher dans le désert n'est pas un vain mot.

Nos premiers contacts m'avaient fortement impressionné. Ils allaient m'ouvrir à d'autres expériences intimes.

Depuis ce paysage instable aux limites invisibles, l'espace environnant s'étire jusqu'à l'horizon qui enfle et se désenfle. On pourrait presque entendre le sol respirer, aride, poussiéreux, hostile, vide, blanc. Le désert, mais pas le néant. À tes côtés, au milieu de cette terre de métissage où souffle la richesse des peuples qui l'ont traversée de leurs cultures, je me sentais grain minuscule, confronté à l'incommensurable infini. Le paradis terrestre biblique n'est-il pas à quelques heures d'oiseau, en Irak, vers la confluence du Tigre et de l'Euphrate ?

*

Il faut passer par le désert et y séjourner pour recevoir la grâce de Dieu ; c'est là qu'on se vide, qu'on chasse de soi tout ce qui n'est pas Dieu et qu'on vide complètement cette petite maison de notre âme pour laisser toute la place à Dieu seul. [...] Plus tard l'âme produira des fruits exactement dans la mesure où l'homme intérieur se sera formé en elle.

Charles de Foucauld,
*Lettre au père Jérôme*, mai 1898.

*

Au fil des années, au fil de mes passages trop rares et trop brefs, je vis ton œuvre progresser. Le lieu se faisait connaître et ta mission se répandait en Syrie, et au-delà des frontières, en Italie, en France, dans plusieurs pays d'Europe, et en Inde, en Chine, jusqu'aux États-Unis, au Canada. Des chrétiens, des musulmans, des juifs, des agnostiques, des athées de toutes origines venaient parler entre eux et avec toi, fructifiant ce dialogue rare et riche que tu as su édifier.

Outre le bonheur des échanges et de la méditation, il fallait apporter aux pèlerins d'autres sujets d'intérêt. Tu décidas par exemple de créer une bibliothèque qui allait se doter d'ouvrages en différentes langues, tant tu estimais l'importance du livre dans la vie de l'homme, de ces textes qui œuvrent pour l'enrichissement de la pensée.

J'ai vu grandir la bergerie et votre fabrique de fromage. J'ai vu éclore vos projets de cultures potagères. Les terrasses de roche qui s'enfoncent depuis la bâtisse vers le fond de la vallée allaient contribuer au développement des plaisirs du palais : tomates, courgettes, concombres, poivrons rouges, olives… qui devraient un jour pouvoir nourrir la communauté en autosuffisance. Je goûtai aux délices de la confiture de rose préparée dans la tradition aleppine, des roses de Damas, cette fleur dont tu pris plaisir à m'apprendre le voyage, car tu es un conteur, et aimes l'être aussi.

En 1254, à son retour des croisades, le chevalier Robert de Brie, impressionné par la beauté exceptionnelle de la *rosa damascena*, en rapporte quelques plants qu'il introduit en France, dans la ville de Provins. Tu ajoutas un pétale savoureux à l'histoire, comme un codicille ajouterait l'essentiel à un testament. En 1968, de jeunes horticulteurs français originaires de la région de Provins, apportent à leur tour à Damas quelques pousses héritières de la reine des roses d'Orient, de cette même rose partie de Syrie quelques siècles auparavant. Ils les plantent dans les jardins du musée national de Damas où les autorités locales, sensibles à l'initiative, leur réservent un accueil des plus chaleureux. En évoquant ce geste symbolique, tu voulais le rappeler aux bons souvenirs de la haine.

Sur la montagne Sainte-Geneviève, depuis le Panthéon, la perspective s'étire jusqu'au jardin du Luxembourg. Mais notre perspective ce soir-là nous renvoyait à Voltaire, Rousseau, Hugo, et à André Malraux qui voulait nous convaincre de sa vision prophétique du monde : « L'art est la seule chose qui résiste à la mort. »

Là-bas, dans le Croissant fertile, l'art continuait de mourir. Des forces destructrices avançaient, hantées par l'idée de décadence, alors que la décadence était dans leur camp. Et le tragique s'opposait à nos espoirs. Le massacre, le viol d'enfants, de femmes et d'hommes, les bombardements de populations civiles, le stockage de monceaux de sel destiné aux plaies des tortures, la destruction de sites historiques et mythiques nous prenaient à la gorge. Une nouvelle histoire était en marche, une histoire qui nous traversait de part en part, et nous submergeait.

Que restera-t-il de Gilgamesh, du tombeau de Jonas à Ninive, et d'Ishtar, la plus grande déesse de toute l'Asie occidentale ? Que deviendra la grandeur de Sumer, celle d'Akkad et de Babylone, en Basse-Mésopotamie, là-bas loin sur l'Euphrate ? Qu'adviendra-t-il de nos interrogations inquiètes sur la solitude des vestiges et de leur avenir ?

Un dialogue s'engagea entre nous comme dans une lamentable surenchère. J'ouvris la triste joute des questions sans réponse où nous allions, chacun notre tour, additionner nos craintes.

« Que deviendra Palmyre, et sa gigantesque colonnade qui s'élève de part et d'autre de sa majestueuse allée centrale ?

— *Quid* des merveilleux enfilements de colonnes d'Apamée, où défilaient Alexandre, Pompée, Cléopâtre, Caracalla, Zénobie ?

— Qu'auront-ils laissé de saint Siméon le Stylite qui se retirait en pénitence au sommet de sa colonne ?

— Fêtera-t-on toujours la Vierge à Notre-Dame-de-Saïdnaya ? as-tu repris en te signant.

— Priera-t-on encore publiquement saint Serge ?

— Au monastère de Saint-Serge précisément, les foules continueront-elles d'honorer l'Exaltation de la Croix, d'implorer saint Georges devant son iconostase d'ébène ?

— Le festival folklorique du théâtre romain de Bosra aura-t-il encore lieu ?

— Après les batailles, que retrouverons-nous de l'Éden biblique et coranique, des restes du paradis terrestre ? Et les courses de chameaux, les pièces de théâtre, les fêtes du coton à Alep… qu'adviendra-t-il de ces traditions ancestrales ?

— Et le Festival de l'amour à Lattaquié ?

— Et le Salon du livre de Damas ?
— Les célébrations de la vigne à Souweyda, avec son élection de Miss Vigne, seront-elles interdites ? »

Je ne savais plus où nous étions à nous lamenter. Ici ou là-bas ? Sur les falaises de Mar Moussa ou sur la montagne Sainte-Geneviève ? J'en venais à me demander si le soleil se levait toujours à l'Orient.

Il y avait de quoi s'inquiéter. Un peu au nord, non loin de Homs, venait de s'installer l'ordinaire des guerres contemporaines. Le Krak des Chevaliers bâti au XIIe siècle, que l'archéologue et officier britannique Thomas Edward Lawrence – pas encore d'Arabie – avait découvert en 1909 et qu'il qualifiait de « plus beau des châteaux du monde », constituait l'un des plus imprenables forts croisés de Terre sainte. Les Francs, Saladin et les mamelouks s'y étaient affrontés. Les États latins s'y étaient effilochés et avaient fini par céder devant le sultan Baybar. Au fil des siècles, la citadelle avait résisté aux multiples attaques, puis, à la fin du XIXe et au XXe siècle, elle avait goûté aux gloires paisibles du tourisme, témoignant avec fierté de son glorieux passé.

Mais, en 2012, l'héroïque forteresse allait de nouveau s'inscrire dans la fureur, pilonnée par les forces du régime. Une unité de l'Armée libre révolutionnaire syrienne prend position au cœur du fortin, s'y retranche, le perd, le reprend, et résiste au siège durant deux ans, avec une détermination et un courage inouïs. La région entière, à des kilomètres à la ronde, et jusqu'au Liban, vit à l'écho des bombardements incessants de l'artillerie et des forces aériennes du régime.

Toi, à une centaine de kilomètres au sud, et depuis le début du Printemps arabe, tu luttais pour que ton monastère soit préservé et pour que sa vocation se perpétue. Tu tentais d'y accueillir des êtres de bonne comme de mauvaise volonté, de continuer d'échanger et de communier avec eux.

À ta foi en Dieu, à ta foi en l'homme, tu ajoutais ton acharnement fidèle au dialogue et à la fraternité, quand, dans le même temps, tu dénonçais les crimes commis par le régime.

Tes tourments ont alors commencé.

Depuis ton installation au monastère en 1990, tu t'es vu confronté à mille peines. Il fallait la relever, cette bâtisse, lui redonner vie et réunir autour d'elle une communauté humaine. Déjà t'étais-tu heurté à des critiques et à bien des mensonges, des dénigrements et des calomnies. Tu avais dû contenir tes cris, tes chagrins, tes sanglots, tes colères, lutter contre tous les Judas... Face aux attaques de l'insignifiance, tu avais pardonné. Tu avais ravalé tes douleurs, tes hontes et souvent dû refouler tes espoirs, mais, cette fois, tu as provoqué la colère du pouvoir.

Ces derniers temps, tu accueillais au monastère, sans t'en cacher, et de façon trop visible, des opposants au régime. Tes bontés n'ont pas eu l'heur de plaire en haut lieu, d'autant plus que, depuis quelques années, les autorités se limitaient à tolérer ta présence, en suivant de près tes agissements.

Déjà, ta venue à Mar Moussa n'avait pas emporté l'adhésion chaleureuse de plusieurs communautés chrétiennes de Syrie. Comme toi, elles prônent la fraternité entre les peuples et les religions, clament l'entente intelligente et le dialogue, bien sûr. Leur existence en dépend, leur survie même. Ces communautés sont diverses et multiples. Chacune suit son rite sans manifester sa présence de façon trop ostentatoire. Des églises s'élèvent dans les villes, bâties pour certaines depuis l'origine du christianisme, contraintes parfois de résister aux projets funestes de ceux qui voudraient les éliminer. Les cérémonies religieuses sont assurées, mais, depuis plusieurs décennies, les chrétiens d'Irak et de Syrie subissent des violences telles qu'ils s'obligent à la discrétion. Sans parler de leur exode.

Tout cela, tu le savais et tu le sais. Malgré cette inhumanité révoltante, la ferveur de ta mission l'emportait sur toute prudence. Tu t'étais fixé pour idéal d'être une cheville essentielle à la relation entre deux mondes, et tu n'entendais pas déroger à cet engagement. Ton monastère était fréquenté par de nombreux musulmans, visites amicales, visites de curiosité ou de partage. Tu étais invité à donner des conférences dans des institutions syriennes musulmanes, sunnites ou chiites, et tu comptais plus d'amis dans la population que chez de nombreux responsables religieux chrétiens des Églises d'Orient. Tu avais été ordonné moine catholique syriaque[1], mais tu avais le tort d'être étranger dans la région où Saul était devenu Paul, à quelques lieues de là, quand il avait eu la Révélation sur le chemin de Damas. Toi, du haut de ta chapelle, tu semblais ignorer l'ombre que tu faisais aux Églises chrétiennes. Et il y avait bien d'autres raisons qui allaient se révéler avec le temps et les situations politiques.

La Syrie abrite de nombreuses Églises différentes. Sept Églises d'Orient unies à Rome:

1. L'une des Églises catholiques orientales, dont le chef porte le titre de Patriarche d'Antioche.

Latins, Maronites, Syriaques, Melkites, Chaldéens, Arméniens et Coptes, auxquelles s'ajoutent les divers courants orthodoxes et protestants. J'avais été témoin direct de cette distance que certaines avaient installée entre elles et toi. Même si elles partagent ta foi dans le Christ, même si elles annoncent haut et fort la philosophie du dialogue, elles préféraient te tenir à l'écart.

Quand, en 2006, nous nous apprêtions à quitter la Turquie avec le groupe de professeurs d'Harvard de la fondation Abraham Path Initiative, j'avais téléphoné à un ami évêque d'une de ces communautés chrétiennes de Syrie pour lui demander s'il acceptait de nous recevoir dans une brève rencontre improvisée entre chrétiens d'Occident et chrétiens d'Orient. Au téléphone, il m'avait accueilli chaleureusement.

« Vous êtes, comme d'habitude, bienvenu en mon église, cher ami. Vous y êtes chez vous.

— Je suis accompagné d'amis étrangers qui œuvrent dans l'esprit d'Abraham.

— Raison de plus. Venez tous. Vous connaissez l'adage : les amis de mes amis sont mes amis. »

En formule algébrique, cela ne fait aucun doute, mais, quand j'avais ajouté que mes amis étaient américains et que toi, Paolo, tu nous accompagnais, le monseigneur avait sèchement écourté la conversation.

« Vous cumulez les difficultés. Votre groupe américain en Syrie, plus l'agitateur de Mar Moussa... non merci ! Voyons-nous une autre fois, en France peut-être, de préférence. »

Il avait aussitôt raccroché comme s'il se savait écouté des sbires de Bachar al-Assad. Je t'avais rapporté l'entretien en escamotant la partie du message qui te concernait.

À quelque temps de là, j'eus l'occasion de reparler de cet épisode avec ce même évêque en France où plusieurs paroisses de la ville s'étaient unies pour organiser une journée « Chrétiens d'Orient ». Il me répéta, cette fois librement, la difficulté de recevoir des Américains dans son église alors que la coalition anglo-américaine avait bombardé des sites syriens. Il ajouta à ton égard nombre de propos acides sur ce qu'il appela, élégamment, « ton caractère », visant aussi ta présence « gênante » à Mar Moussa.

Tu as, en effet, ce que l'on peut appeler un fort caractère, une aptitude un peu excessive à maintenir tes choix en dépit des événements, envers et contre tous les risques. Mais ces excès que certains te reprochent sont constitutifs de ta force morale prodigieuse. Tu as sans cesse mille projets en tête, des idées qui bouillonnent, comme si tu craignais que ta pensée ne se sclérose si tu ne la maintenais pas en perpétuelle ébullition. Il est difficile de te suivre dans tes dédales, ce qui souvent t'irrite. On te dit volontaire, autoritaire, téméraire, coléreux, directif et, en bon Romain, bavard et bruyant, ce qui est un comble pour un moine. On pourrait ajouter bien d'autres critiques que l'histoire retiendra comme autant de qualités exceptionnelles. Il fallait une dose unique d'audace et de courage pour exhumer de l'oubli le monastère de Saint-Moïse-l'Abyssin. Tu as ressuscité ce prieuré multiséculaire, et as su lui donner une vocation nouvelle. Ta passion ardente en a fait un phare.

Il t'a également fallu une aptitude humaine rare pour convaincre d'autres moines et moniales de te suivre à Mar Moussa, et d'y vouer leur avenir. Tu as bâti avec eux une communauté que tu as su animer d'un souffle tenace pendant trente ans, malgré les accrocs inévitables de la vie en groupe et les turbulences venues de l'extérieur.

Certains représentants d'Églises autochtones de Syrie, comme d'autres en Irak, revendiquent parfois l'incarnation d'une légitimité spécifique, celle d'héritiers directs des chrétiens du premier jour. L'installation d'un moine italien sur leur terre, « une pièce rapportée » un peu trop visible à leurs yeux, ne t'attirait pas que des sympathies. Au fil de tes années de présence à Mar Moussa, tu avais su convaincre certains de ces réticents de tes intentions généreuses, très chrétiennes, dénuées d'autre intérêt que celui de la fraternité. Tu avais sacralisé ce mot et le répétais sans cesse dans les langues de tes visiteurs, et dans ta langue maternelle : *Fratelli tutti,* tous frères.

J'ai beaucoup songé à toi quand, en octobre 2020, le pape François a ainsi titré son encyclique sur la fraternité humaine, et cosigné avec le cheikh Ahmed al-Tayeb, recteur de l'université al-Azhar du Caire, bien plus ancienne que les premières universités européennes et autorité religieuse sunnite la plus reconnue de l'islam. *Fratelli tutti* ! Lors d'un entretien que ce dernier m'avait accordé dans la capitale égyptienne, paru dans *Le Figaro*, l'éminent chef religieux musulman m'avait frappé par sa pensée ouverte au dialogue des religions et des cultures. Son doctorat de philosophie obtenu en Sorbonne y avait peut-être contribué. *Fratelli tutti* ! Tu aurais applaudi à cette initiative salutaire, et, peut-être, as-tu même appris l'événement dans ton lieu de détention.

Certains, voire nombreux, te trouvaient trop incandescent : tu t'attachais à les rassurer en leur rappelant que la vocation de ta congrégation exige de ne pas se distinguer, de ne pas rechercher les honneurs, et que toi, tu t'efforçais de respecter scrupuleusement cet engagement, même s'il t'arrivait de parler trop fort. La vie monastique exige le strict respect de trois vœux essentiels : la pauvreté, la chasteté, l'obéissance et, pour les Jésuites, l'obéissance particulière au

Saint-Père, en l'occurrence, depuis mars 2013, à François, premier pape issu de ta famille religieuse, les Jésuites, la Compagnie de Jésus.

Or les Jésuites sont des missionnaires dont la vocation originelle est de convertir au christianisme. Ils sont présents dans 112 pays et sur tous les continents. Ils comptent des milliers de frères, près de 15 000, constituant le plus important ordre masculin de l'Église catholique, le premier ordre missionnaire mondial. L'importance de ta congrégation inquiétait les responsables musulmans qui, pour certains des plus radicaux, voient en l'action des Jésuites une forme d'impérialisme, un néo-colonialisme religieux. Ainsi à prétendre, ou à te suspecter de vouloir convertir des musulmans au catholicisme, certains franchirent le pas sans effort.

D'autres à l'inverse, côté catholiques latins d'Occident, farouchement mus par un esprit évangélisateur, te demandaient de ne pas oublier ta vocation première, et insistaient pour que tu convertisses à la religion du Christ les adeptes du prophète Mahomet. Il était temps, selon eux, de faire reculer cet islam qui leur fait peur, cet islam que certains chrétiens haïssent comme s'ils étaient les seuls tenants de la vraie foi, et les autres irrémédiablement plongés dans l'erreur. Tu te refusais à ces conversions, d'autant plus que certaines auraient trahi des motivations peu sincères. Tu m'avais raconté qu'un jeune homme t'avait demandé de le convertir dans l'espoir de faciliter une demande de visa, et accéder ainsi au monde occidental. Devenir chrétien représentait pour lui la liberté.

L'inculture et l'incompréhension de ta mission allaient prêter le flanc à des jalousies féroces, à des colères obscurantistes comme ce fut le cas aux débuts de votre présence à Mar Moussa.

Peu après votre installation, ta communauté avait échappé à une agression au monastère d'où certains voulaient vous chasser.

Tu m'avais fait le récit de l'attaque à laquelle vous aviez résisté en opposant l'inertie pour atteindre l'apaisement. « Un peu à la manière de Gandhi », m'avais-tu dit. Point de discours, les mots eurent été vains. On vous avait tirés au sol vers l'extérieur pour vous expulser hors de la bâtisse, on avait jeté vos livres et autres objets.

La violence fut finalement contenue. Elle resta enfouie, sourde et latente.

Tu te défendais à juste titre d'avoir l'intention d'évangéliser les populations. Tu répondais une fois encore que Mar Moussa n'était pas un bastion chrétien conquérant mais un rocher hospitalier, et que ta seule mission en cette terre d'islam consistait à répandre la fraternité. Si tu cherchais à convertir, il ne s'agissait que de « conversion universelle à l'œuvre de Dieu ». Mais que tu l'aies voulu ou non, tu avais réhabilité une citadelle chrétienne en terre d'islam. Cette lointaine ombre missionnaire d'évangélisateur restait attachée à ta présence et à tes intentions supposées, fussent-elles des plus pures.

Un autre écueil s'est élevé sur ta route. Celui de la mixité de ta communauté. Moines et moniales réunis dans la même prière, dans le même élan d'élévation, appelaient des questions. Aux premiers temps de l'expérience Mar Moussa, tes contradicteurs résumaient vos présences de manière triviale à « des hommes et des femmes vivant sous le même toit, nuit et jour ».

Ce sentiment était surtout partagé en Italie et en France, où les chrétiens se sentaient mal à l'aise devant cette situation à leurs yeux singulière. Ils en éprouvaient de la gêne, surtout à une époque où la question des mœurs dans l'Église commençait à créer de sourds remous. Comment imaginer des années de vie commune, de promiscuité entre hommes et femmes liés par la même ferveur, sans que le corps réveille le désir et la chair ? Il y a l'esprit, les vœux, la volonté, et il y a les sens, souvent plus forts que la raison.

Tu m'avais répondu que Mar Moussa vivait l'épreuve nuptiale d'un amour collectif tourné vers la Lumière et que cet amour était comparable à celui que Marie, restée virginale, éprouvait pour Dieu le Père, et père de son enfant. L'amour collectif de ta communauté vous invitait à sublimer les contingences physiques, d'autant plus qu'hommes et femmes dormaient séparément, dans des habitations différentes.

Ton approche magnifiée n'excluait pas les réalités terrestres. L'homme est aussi fait de chair, et l'Église n'a pas échappé à cette évidence.

Nous avons, à plusieurs reprises, abordé cette question que je connais bien pour avoir effectué des travaux sur le sujet, et en avoir rédigé un mémoire qui fut publié en 2008[2]. Je provoquais d'autant plus la discussion que tu as un physique d'athlète, en pleine force, un corps plein de vigueur qui doit produire des pulsions naturelles difficiles à maîtriser. Tu m'avais dit avoir beaucoup aimé les femmes dans ta jeunesse, et je m'interrogeais sur ce passage d'une vie sexuelle normale de jeune homme vers la chasteté monastique. La contrainte de tes vœux en la matière n'avait-elle pas été trop pénible à vivre, à Mar Moussa ?

Dans l'histoire de la vie monastique, l'Église des premiers temps avait instauré un huitième péché capital, l'acédie, un mal de l'âme né de ce que l'on appelait par un religieux aphorisme « l'ennui », plus communément connu sous le nom de « démon de midi ». Ce péché visait l'état condamnable dans lequel se trouvaient

---

2. « Anatomie de l'acédie en érémitique et cénobitique », *Bérénice*, 2008.

les moines, en particulier durant la sieste, après le bon repas du déjeuner, arrosé de vin. Souvent, Éros troublait ce temps de repos. Au fil des siècles, ce huitième péché capital fut peu à peu assimilé à la mélancolie, à la paresse, comme si on avait voulu le fondre dans l'indicible. Toi Paolo, tu ne pouvais en aucun cas être accusé de paresse, et moi je ne pouvais me contenter d'ellipses, d'allégories ou de paraboles. Pour parler crûment de chair, qu'en était-il donc de ta chasteté ? Tu me « confessas » que cette obligation monastique constituait une véritable lutte à laquelle tu te confrontais depuis ton noviciat. Le désir, c'est la vie. Chaque moine ou moniale éprouve cette contrainte à sa manière. Certains n'ont pas de difficulté à observer leur vœu de chasteté. D'autres s'affrontent à ce combat qui renforce leur exigence de perfection.

Le plus dur, pour toi, avait été le manque affectif qu'il t'avait fallu surmonter. Dans l'affection la plus pure, le corps est tout de même confronté à ses pulsions. Les évasions spirituelles ne suffisent pas toujours à lutter contre les vérités charnelles. Les élans d'un amour immaculé envers une femme peuvent entraîner la pulsion des organes, l'éveil irrépressible du phallus. Tu combattais alors le désir sexuel par sa transformation en énergie; l'énergie corporelle décuplée dont ton activité physique à Mar Moussa constituait le meilleur exutoire.

Les Pères du désert fuyaient le monde matériel pour le renoncement et l'abstinence, afin d'atteindre l'oubli de soi qu'ils trouvaient dans les grottes. Il en était de même pour toi, m'avais-tu dit. Quand le besoin d'apprivoiser ton corps devenait impérieux, il t'arrivait de recourir à l'ascèse que tu éprouvais dans les grottes des falaises de Mar Moussa. Tu y vivais l'expérience de soi, seul avec soi-même, comme l'avaient vécue les ermites qui t'y avaient précédé durant des siècles. Ainsi reclus, retiré de toute autre présence humaine, tu te libérais de ton corps physique « pour renaître au matin d'une lumière nouvelle ».

Au sortir d'une de tes conférences à Paris, dans un bâtiment perché sur la dalle de la Bibliothèque nationale de France, où la question de la présence chrétienne en Orient avait été soulevée, nous avions prolongé la discussion autour d'un verre à l'un des cafés proches. Tu m'avais alors cité l'exemple des moines trappistes de Tibhirine. Comme toi, n'avaient-ils pas consacré leur vie au dialogue ? Et pour enrichir ce dialogue n'avaient-ils pas poussé de façon un peu excessive leur volonté d'accueil en élevant une mosquée dans leur enceinte pour les musulmans du village ? Ne recevaient-ils pas en leur prieuré des femmes et des hommes de toute confession ? Y compris des gens armés, en lutte contre le pouvoir militaire, contre l'oppression, ce qui n'était un secret pour personne, et dont les autorités algériennes de l'époque avaient pris ombrage ? Qu'ils aient été cisterciens et toi jésuite ne changeait rien : même situation de religieux chrétiens d'Occident en terre d'islam.

Tu connais le vieil adage, comparaison n'est pas raison, et j'avais tenu à te donner mon point de vue sur ce parallèle que je jugeais discutable.

D'abord, la présence de ces moines trappistes de la stricte observance en Algérie remontait à 1840 et, durant plus de cent cinquante ans, les populations de la région avaient appris à les connaître, à les fréquenter, et surtout à les aimer au point de venir se placer sous la protection du monastère, constituant ainsi le village. De plus, élément important, durant des décennies, un moine médecin, frère Luc, s'était joint à la communauté religieuse de l'Atlas. Non seulement cet unique praticien de la région immédiate soignait le voisinage, mais il accouchait certaines femmes musulmanes des environs. Cela créait un lien proche, pour ne pas dire affectif, avec les mères, leurs enfants et leurs familles. Quant aux djihadistes qui se présentaient au monastère pour être traités, on ne peut imaginer que le médecin ait refusé de leur venir en aide, pour tout ce que tu sais de la déontologie médicale. Je dirais même en raison de leur sens de l'éthique que tu aimes tant évoquer. On ne peut oublier aussi la menace implicite des armes que les blessés portaient sous leur djellaba. Quant à la mosquée que les moines auraient élevée dans l'enceinte du monastère, connaissant bien les lieux, j'ai pu t'éclairer sur la réalité des faits et corriger cette fausse information, ce *fake* comme on dit aujourd'hui. Je l'ai trop souvent entendu colportée par certains médias, ou par des personnes mal informées.

Les habitants de Tibhirine, agrégés au fil du temps autour de la présence monastique, ne possédaient ni mosquée dans leur village ni moyens d'en bâtir. La communauté monastique trappiste avait donc décidé de mettre à leur disposition un petit garage bâti de longue date qui donnait sur un chemin extérieur à l'enceinte : les musulmans s'en sont réjouis et l'ont utilisé comme salle de prière.

Ta situation ne peut être comparée à celle des moines de Tibhirine : eux étaient tenus au silence par leur vocation trappiste, même au quotidien. Toi, à Saint-Moïse-l'Abyssin, tu recevais des opposants au régime dont tu partageais sincèrement les convictions, et le clamais à qui voulait l'entendre. Tu as été vite soupçonné de leur offrir un refuge. À trop de révoltes et de déclarations publiques, tu t'es vu intimer l'ordre de quitter ta terre d'amour et d'adoption, et de ne plus jamais y revenir.

*

Ma vie n'a pas plus de prix qu'une autre. Elle n'en a pas moins non plus. En tout cas, elle n'a pas l'innocence de l'enfance. J'ai suffisamment vécu pour me savoir complice du mal qui semble, hélas, prévaloir dans le monde, et même de celui-là qui me frapperait aveuglément. J'aimerais, le moment venu, avoir ce laps de lucidité qui me permettrait de solliciter le pardon de Dieu, et celui de mes frères en humanité, en même temps de pardonner de tout cœur à qui m'aurait atteint.

Christian de Chergé,
*Quand un A-Dieu s'envisage.*

*

« J'irai à Rakka, m'as-tu dit ce soir de mars 2013, sur la place du Panthéon. Qu'est-ce qui peut me donner le goût de vivre sinon servir mes frères et, ce faisant, servir Dieu ? J'ai pour mission de le seconder, et il ne peut en aucun cas accepter un tel comportement des hommes. Depuis mon expulsion, je suis déjà allé deux fois en Syrie. J'y retournerai bientôt. Ma place est là-bas. J'y ai trop à faire. Qu'on le veuille ou non, j'irai à Rakka car nous faisons la révolution, tu comprends ce que cela signifie ? La révolution ! »

Dans ce « nous », oui je comprenais à quel point tu t'impliquais dans l'action. Cela signifiait que tu avais fermement épousé la cause des insurgés depuis le début, deux ans déjà, et que tu participais de manière active à la révolte.

J'ai tenté de vaines questions :

« Pour t'impliquer à ce point dans la lutte, tu as des amis personnels parmi ces malheureux ?

— Ils sont tous mes frères. Ils sont ma famille.

— Tu es interdit de séjour en Syrie, Paolo ! Tu vas au-devant de graves complications. Et négocier avec les djihadistes, est-ce vraiment le rôle d'un moine ?

— Quand il y a le feu dans un village, les moines doivent tout faire pour l'éteindre. »

J'ai compris que tu ne reviendrais pas sur ta décision. Là, au pied du Panthéon, tu prenais un engagement irréversible. La solennité du lieu conférait à ton défi l'impossibilité d'y renoncer.

En attendant que la foule des manifestants grossisse, nous avons évoqué Rakka, perdue dans la poussière d'un progrès anarchique.

Je voulais garder de cette cité l'image de son glorieux et lointain passé, évanoui avec le temps : ville-étape sur la route de la soie. J'y avais aimé ma découverte de l'Euphrate mythique, de l'histoire ancienne, et des fabuleuses légendes qu'il a générées. Le fleuve sortait de l'Éden pour arroser le jardin sacré de son eau la plus pure, la plus généreuse. L'eau de la fertilité et de la vie. Ses rives débordaient de culture de blé et de folle avoine, de légumes et de fruits, de dattes et de figues. Ses canaux, que l'on disait intarissables, irriguaient ce grenier d'abondance. L'Euphrate coulait magnanime à l'ombre rare des palmiers.

Depuis ces lointains millénaires, les rives ont reculé de plus de quinze kilomètres. Elles ont séparé le fleuve de sa ville, l'ont enlisée par endroits dans les sables, et Rakka a poussé dans le plus grand désordre.

Mais y aller aujourd'hui, Paolo, en juillet 2013 ? Cette région du Croissant fertile est à présent fertile en décombres et en débris d'obus. La ville est détruite, ses vestiges autant que son âme. Les sites sont redevenus glaise sèche, comme le cœur des hommes qui la contrôlent. Ils s'acharnent à dévaster les édifices antérieurs ou postérieurs à l'avènement de l'islam, et à éradiquer toute pensée différente de la leur. Effondrées les fortifications des IVe et

III$^{e}$ siècles avant notre ère ! Écroulés les bastions romains ou byzantins ! Détruite la muraille en fer à cheval qui renforçait la ville en s'appuyant sur les rives de l'Euphrate ! Évanouies les moindres traces du calife al-Mansour ! Disparus les restes du palais et de la capitale d'été d'Haroun al-Rachid ! Effacées toutes traces de la dynastie abbasside ! Abattus les caravansérails de brique crue ! Rakka n'est que ruines informes et trous sauvages d'archéologues-pilleurs qui déchirent l'argile en quête de statuaires, de verreries et de céramiques anciennes.

Où sont les harpes et les lyres, les coupes et les casques d'argent incrustés de pierres précieuses ? Nul objet ne subsiste des anciens monarques de cette région du monde, ni coupe ni calice ayant appartenu aux croisés, tous volés au petit musée local. Nul souvenir des somptueuses soieries et autres porcelaines de Chine que se disputaient les amateurs et les riches marchands. Les biens exhumés partent enrichir des collections privées via des marchés internationaux et des sociétés basées en Asie ou en Amérique, transitent par des ports tels ceux de Beyrouth, Dubaï… pour finir à New York, Londres, Paris, Berlin, dans les chambres fortes de quelques riches collectionneurs.

Tout cela, tu le sais, comme tu sais aussi que depuis des années en Irak, dans la Mossoul voisine, cette autre Ninive, les terroristes du djihad se sont proclamés seul véritable État islamique, avec l'intention de constituer leur califat ne connaissant pas d'autres frontières que les leurs. Ils se sont ensuite répandus sur le nord de l'Irak et en Syrie pour fouler sans retenue la tradition historique du vivre-ensemble.

Tu auras beau répéter à qui veut l'entendre que le prophète Mahomet réservait un accueil ouvert aux juifs et aux chrétiens de passage à La Mecque, les invitant même à célébrer leurs Pâques dans sa mosquée, les fanatiques ne t'écouteront pas. Tu pourras leur rappeler cent fois que Jésus, *Issa* ou *Aïssa* en arabe, est hautement considéré en islam, qu'il est l'un des prophètes dont le nom est le plus souvent cité dans le Coran, mentionné en 93 occurrences, qu'il est attendu à la fin des temps pour venir rétablir la justice et l'équité entre les hommes, ils ne voudront pas t'entendre car eux prétendent savoir. Ils possèdent la Vérité, comme les complotistes savent que la terre est plate. Tu peux t'user à leur rappeler que nombre de saintes figures se retrouvent dans les livres sacrés des trois monothéismes, que se mêlent dans le Coran Abraham, Noé, Moïse, Ézéchiel, Jérémie, Jésus, Marie… ils ne t'entendront pas. Tu leur diras sûrement, comme tu le fais toujours, que les restes de saint Jean Baptiste sont enterrés dans la mosquée des Omeyyades, à Damas, que les musulmans y viennent, s'y inclinent, prient et rendent hommage à ce prédicateur de Judée, rien n'y fera. Eux possèdent la vérité. Toi, le blasphème.

*

Si tu voyais les injustes
Lorsqu'ils seront dans les abîmes de la mort
Et que les Anges, leurs mains tendues, diront :

> « Dépouillez-vous de vous-mêmes, vous serez rétribués aujourd'hui
> Par le châtiment de l'humiliation,
> Pour avoir dit, sur Dieu, le contraire de la vérité,
> Et pour vous être par orgueil, détourné de ses Signes. »
>
> *Le Coran*,
> sourate VI : Les troupeaux, 93.

*

Ils ne respectent rien ni personne. Ils gagnent du terrain et déferlent vers Alep telle une lame de fond qui semble ne pas pouvoir s'arrêter. Pourquoi feindre d'ignorer la vérité ? Les populations de Syrie fuient pour ne pas mourir. Mourir sous les coups des djihadistes, ou mourir sous les bombardements aveugles des armées de Bachar al-Assad et de Poutine. Les musulmans, les yazidis, les Turkmènes ne savent plus où se réfugier. Les Kurdes se regroupent pour se défendre. La violence se déchaîne contre tous et entre tous. De très nombreux chrétiens se déplacent vers le Kurdistan irakien, constituant peu à peu une sorte de zone chrétienne près d'Irbil où ils vivent dans des camps de réfugiés. L'écho des exactions djihadistes, humaines et matérielles, leur parvient depuis trop longtemps pour ne pas redouter qu'elles les atteignent. Les forces irakiennes et syriennes sont loin, bien trop loin, préoccupées par d'autres urgences. Des blessés, des amputés, certains rescapés de l'attentat de Notre-Dame-du-Salut à Bagdad en octobre 2010, à l'heure de la messe, qui avait fait soixante morts et quatre-vingts blessés, ceux-là aussi, et tant d'autres, traînent avec eux leur traumatisme physique et moral. Ils ne pensent qu'à protéger leurs proches et à fuir les terroristes qui progressent sans rencontrer de véritable résistance, regroupés à Rakka et à Deir ez-Zor, toutes deux soumises au djihad global, comme à la violence tout aussi globale des troupes du régime.

Et toi, tu irais seul, au cœur de leur place forte, prêcher la bonne parole ? Toi, le catholique italien, certes citoyen du monde, mais, avant tout à leurs yeux, prêtre et missionnaire chrétien en terre d'islam, dans ce territoire en pleine guerre fratricide ? Tu es tout ce que ces assassins haïssent.

« Je leur rappellerai que le djihad est aussi le combat que le musulman doit mener, par la langue et par le cœur, contre lui-même, pour s'élever, s'améliorer spirituellement.

— L'enlèvement et l'exécution de l'archevêque chaldéen de Mossoul, Mgr Faraj, ne te donne pas à réfléchir ?

— Je prie chaque jour pour frère Faraj, mais ma réflexion va aussi aux prisonniers que les islamistes détiennent. Je connais plusieurs de leurs captifs. Je veux les faire libérer, comme j'y suis parvenu pour d'autres. L'éthique chrétienne m'y oblige. Et avant tout même, l'éthique humaine. L'éthique, autant qu'un devoir sacré. »

À ceux qui t'ont reproché d'être reparti en Syrie malgré l'interdit, je veux témoigner ici à leur intention de mon ressenti à tes propos. Ils n'étaient pas lancés en l'air. Tu obéissais à quelque chose de plus grand que toi, une injonction, un appel supérieur, impératif, qui s'imposait et t'obligeait. Ta décision était indiscutable. Et ce devoir, comme s'il n'y suffisait pas, tu voulais lui donner un caractère sacré.

Sacré devoir !

Il te destinait à la gueule d'un loup aveugle et sourd, affamé de violence, de destruction, manipulé de toute part pour tuer, où tout apaisement est illusoire.

« Ne pars pas, Paolo, ne pars pas à Rakka ! »

Bien des années auparavant et dans cette région du Croissant fertile, nous avions vécu ensemble un épisode délicat dont tu avais su nous sortir avec habileté, élégance et distance. Nous repensions à l'incident avec une nostalgie satisfaite.

Nous avions passé la nuit à Deir ez-Zor où, pour des raisons que seul l'Orient connaît, on nous avait annoncé que les jours suivants aucun autocar ne ferait route vers Rakka. Nous avions alors réservé un taxi pour le lendemain matin, après avoir très sérieusement négocié le prix de la course: 50 dollars pour les 140 kilomètres. Marché conclu, le rendez-vous fut pris pour 8 heures.

Le taxi fut ponctuel même si son conducteur n'était pas celui de la veille. Nous roulions en direction de Rakka, avec l'impression de déranger le relief austère et plat où la terre se ride de petits plissements fendillés. La route longe l'Euphrate, qui apparaît et disparaît par endroits. « Il cherche à se camoufler derrière des rangées de roseaux pour éviter de trop se confronter aux hommes. » J'aimais ces traits d'esprit dont tu ponctuais le voyage. Nous traversions une morne plaine aride, une des régions les plus oubliées de Syrie. Ici et là, une protubérance incongrue troublait le paysage, quand au loin s'élevaient de petites collines que le vent et le temps ont rendues chauves. La terre blême craquelle sous le soleil et se fait de plus en plus aride. Tout n'est que sable et rocaille. Tu regardais en silence l'horizon, l'œil vague, et me citas soudain Renan : « Le désert révèle à l'homme l'idée de l'infini. » Oui, ces étendues immenses donnent le sens de l'infini, de l'invisible où, dans son immobilité, passe quelque chose de souverain, comme devant le soleil, ou face à la nuit.

Le taxi nous laissa en centre-ville, à la gare routière où nous nous apprêtions à prendre l'autocar pour Alep. Les camions, les bus, les voitures particulières et autres véhicules militaires s'agglutinaient autour des fast-foods, déversant leurs cargaisons de passagers qui consommaient le graillon, sans cesse recuit ou réchauffé.

Après avoir acheté nos tickets, nous avons pris place à bord pendant que le bus s'ébranlait. Il quittait lentement son emplacement quand surgirent deux policiers, un chef et son second, qui montèrent dans l'habitacle, suivis de notre chauffeur de taxi. Son index vengeur semblait nous dénoncer de quelque grave méfait impardonnable. La chose était jouée d'avance, et sa cause entendue par la force publique. Il nous accusait de ne pas lui avoir réglé la totalité de la course. Il ne niait pas que nous l'ayons payé, mais partiellement, 50 dollars, alors qu'il en aurait été convenu 200, soutenu en cela par les représentants des forces de l'ordre qui nous intimaient l'ordre de payer le complément. Dans un pays où le litre d'essence était inférieur à quinze centimes, la réclamation tenait de l'absurde. L'autocar entier nous dévisageait, presque hostile. En Orient, toute situation peut basculer d'un instant à l'autre vers le pire ou le meilleur. Tu pris l'initiative de descendre du bus, et d'en permettre ainsi son départ.

Tu me glissas en douce : « Pas question de céder. Ils n'attendent que ça pour se partager la somme. »

Me trouver retenu dans un commissariat était une première pour moi, ce qui n'était pas ton cas. Tu as toujours eu l'âme révoltée. Ta « fréquentation » des postes de police a commencé dans tes années de jeunesse, quand tu manifestais contre l'impérialisme américain, contre la guerre du Vietnam, contre Pinochet, ou quand tu faisais le coup de poing contre l'extrême droite italienne. Ici, en Syrie, la situation risquait d'être plus épineuse, mais je dus rendre hommage à ta grande connaissance de l'esprit oriental et à ton talent de négociateur. La scène fut digne de la *commedia dell'arte*, avec ses rires et ses rebondissements.

Il nous fallut plusieurs heures de palabres, d'explications et de verres de thé pour venir à bout de la demande abusive. Tu te dressas plus gigantesque que jamais et tu fis bien des moulinets de tes bras immenses. Ta connaissance de leur langue, de leurs mœurs et de leurs traditions impressionna les policiers. Ils se firent respectueux, doucereux, mais d'une sympathie retenue, prudente, embarrassée. Une sympathie… antipathique. Néanmoins, à force de sourires et d'arguments, tu portas l'estocade. Ta démonstration fut imparable. Le coup de grâce : « 200 dollars pour 2 heures de route ! Cela fait 100 dollars de l'heure. Donc si l'on travaille 8 heures dans la journée, cela fait 800 dollars par jour, plus de 15 000 dollars par mois. Soit 180 000 dollars pour une année. Lequel d'entre nous peut même rêver de gagner autant d'argent, même toi l'officier ? C'est impossible ! Vous voyez bien qu'il ne peut s'agir que d'une regrettable erreur. »

Éclats de rire, autres verres de thé, admonestation de façade lancée au coupable, sans oublier le pardon que, dans ta grande mansuétude, tu lui accordas. L'honneur de tous les contradicteurs fut sauf, et la pantomime prit fin dans l'autocar suivant, où les deux policiers nous accompagnèrent avec mille excuses et bons souhaits de voyage.

Cet épisode me rappela une description que faisait Maxime Du Camp dans ses *Souvenirs et paysages d'Orient* (1848) : « Ce sont des espèces de soldats libres chargés de protéger les voyageurs, et souvent ils les dépouillent. Ce sont au reste des voleurs fort accommodants. Celui qui le premier arrêta mon cheval, me dit : "Descends dans notre maison, prends le café avec nous, fume dans notre pipe, et sois le bienvenu. En t'éloignant, tu nous donneras un *batchis*, sinon, ce soir, nous te dévaliserons." »

Bien calés dans nos fauteuils, tu voulus couper court à mes sarcasmes et clore notre aventure sur un mode positif : « Le meilleur qu'on puisse rapporter d'un voyage, c'est soi-même, sain et sauf. »

Tu te souviens sans doute de ces expériences mystiques que tu m'as invité à éprouver. Elles m'ont laissé une forte empreinte qui me gagne souvent.

Nous revenions d'Alep où la tradition des derviches tourneurs, ancrée dans la région depuis le XIII^e siècle par l'éminent poète Rumi, est très vivace, en Turquie et en Syrie notamment. Nous avions assisté à une cérémonie soufie dans la plus pure tradition des confréries d'Alep, dont les adeptes tournent sur eux-mêmes, lentement, puis de plus en plus vite, jusqu'à atteindre un état de transe. Je vois et entends encore cette sorte de tourbillon envoûtant qui se déployait sur une musique et des chants lancinants. J'avais été fortement impressionné par ces derviches évoluant sans cesse les bras déployés, paume de la main droite tournée vers le ciel pour accueillir la grâce divine, paume de la main gauche tournée vers la terre afin d'y répandre cette même grâce. Je m'en étais nourri jusqu'au tournis.

« C'est ainsi qu'ils s'élèvent et trouvent "la voie", m'avais-tu soufflé à l'oreille, en balançant ton corps, comme si tu te retenais de les rejoindre. Voudrais-tu tenter l'expérience ? » avais-tu ajouté avec humour.

Pas question de relever le défi et de me lancer dans cette ronde rituelle. La simple perspective de tourner sur moi-même comme une toupie me donnait le vertige.

« Il y a d'autres voies d'accès à l'éveil, sans tourner sur soi-même. Je te montrerai », m'avais-tu dit.

Nous avions repris la route vers Damas où tu devais te rendre à l'église syriaque catholique, dans *Mahallat al-Nasârâ*, plus connue sous le nom de *Bab Touma*, le quartier chrétien. Il est saisissant de voir cet héritage qui remonte à la chrétienté primitive, réuni sur une surface d'à peine un kilomètre carré. Une quarantaine d'églises, monastères, couvents catholiques, lazaristes, franciscains, anglicans, orthodoxes s'élèvent dans un mouchoir de poche. Par leur nombre et leur proximité respective, ces édifices semblent s'acharner à marquer la capitale d'une empreinte chrétienne qu'ils voudraient éternelle. À peu de distance, l'appel des muezzins de la mosquée des Omeyyades, les écoles coraniques, le tombeau de Saladin, les quartiers sunnite et chiite rappellent que l'islam est bien largement la religion dominante, mais sait vivre en bonne intelligence avec les chrétiens.

À la tombée du jour, tu m'as entraîné dans un fouillis de ruelles, le long de façades aveugles jusqu'à une salle de prière soufie, discrète, presque cachée, comme si nous entrions dans un repaire de comploteurs. Damas est pourtant la ville soufie par excellence.

Au début des années 1980, le père de Bachar, Hafez al-Assad, avait réprimé dans une violence inouïe une révolte islamiste née dans la région d'Alep et de Hama. Les Frères musulmans de l'époque avaient infiltré les rangs de l'armée et de la police. Ils perpétraient des attentats contre des installations de l'État, et même des tentatives d'élimination physique du président Hafez al-Assad en personne.

Pour reprendre la situation en main, ce dernier décréta l'état d'urgence, fit couper toutes les communications, et lança plus de 12000 hommes dans une opération d'encerclement de la ville, un bouclage serré dont nul ne pouvait entrer ou sortir. Les chars écrasèrent les habitations et autres bâtiments, appuyés par l'artillerie et par l'aviation qui bombardèrent aveuglément les populations, le centre historique, les roues hydrauliques et les jardins. Les civils survivants furent réunis dans les stades, dans les écoles, par centaines, par milliers, et torturés sans discernement, avant d'être fusillés. Les femmes subirent les pires viols multiples avec violence, parfois éventrées, défenestrées. Ainsi périt Hama.

*

Que Dieu protège les sites des rives de Hama où j'ai écouté, médité et contemplé

Des colombes qui roucoulent ou des bosquets dont les branches se balancent et les édifices si splendides qu'on est incapable de les décrire. [...]
Puisque la ville est traversée par le fleuve Âsi, le Rebelle, comment ne serais-je pas comme lui, insoumis, ne boirais-je pas du vin pur,
Ne chanterais-je pas le même air que les norias, ne danserais-je pas mieux qu'elles et ne puiserais-je pas comme elles ? Elles gémissent et laissent couler leurs larmes, comme si elles s'aimaient d'amour fou de se voir, et sollicitaient de la compassion.

Nûr ad-Dîn.

*

Selon Amnesty international, les événements avaient fait entre 10 000 et 25 000 morts. D'autres sources parlent même de 40 000 victimes. Or les rangs des révoltés comptaient de nombreux soufis. Tu n'avais jamais éprouvé de sympathie pour le régime du père, qui prit fin avec sa disparition en l'an 2000. Pas davantage d'affinités avec son fils Bachar qui marchait dans les pas de son géniteur, usant de méthodes semblables, voire plus inhumaines.

Des décennies plus tard, à tes côtés, au cœur du vieux Damas, je n'étais pas particulièrement inquiet. Je savais néanmoins que rien n'échappe aux agents des services secrets du régime, le *Moukhabarat*. La pratique ancestrale du soufisme est surveillée puisqu'elle réunit en des lieux isolés des groupes de prière, propices à de discrets échanges d'idées.

Des hommes en bonnet blanc, tous vêtus du traditionnel *khamis* blanc, longue chemise couvrant le pantalon, s'apprêtaient à la cérémonie du *dikh* que j'allais découvrir et à laquelle tu allais participer. Tu enfilas à ton tour une sorte de *jalabya* blanche et tu te laissas absorber par le groupe, emporté dans la chaîne initiatique qui se resserrait. Comme un seul homme, vous vous êtes lancés ensemble, sur place, dans une longue série de petits sauts répétitifs, de plus en plus rapides, ponctués d'appels au Tout-Puissant, en expectorant son nom : « Allah ! » Le mouvement devint hypnotique jusqu'à ce que vous ayez atteint l'état de transe, un chemin vers « l'éveil ». Ta quête de fraternité t'a souvent conduit à explorer les chemins mystiques de l'islam, dans les diverses composantes de sa transmission spirituelle. Je garde et garderai longtemps encore la trace de ces moments puissants, gravés dans ma mémoire et dans mes sens.

Je te revois en prière, Paolo, dans la chapelle du monastère, allongé en avant de tout ton long sur le sol couvert de tapis bédouins, paumes et face contre terre. Tu t'inclinais ainsi au plus bas devant Dieu, dans la louange et la supplication, dans l'attitude de l'infini respect de la créature devant son Créateur. Par cet abandon complet de ton corps et de ton âme, par cet abaissement total, tu mettais au plus bas ton orgueil, forçant ainsi ton esprit à l'infériorité et à l'intériorité, pour te livrer au Tout-Puissant.

Pour certains chrétiens d'Occident de passage au monastère, cette posture inhabituelle leur faisait penser à une observance oubliée, un rite d'un autre temps pratiqué par les Pères du désert. Les Saintes Écritures témoignent souvent de l'homme qui se prosterne. Dans l'Apocalypse, Jérémie, les Psaumes, Matthieu…

nombre de versets évoquent la prosternation, et ils sont souvent cités dans la liturgie. S'étonner de ta posture, c'était mal connaître la vie monastique ou la vie liturgique chrétienne d'aujourd'hui. Dans certains moments exceptionnels, comme pour Carême et Pâques, ou pour les ordinations, quand le prêtre veut s'en remettre à la totale disponibilité de Dieu, il se prosterne entièrement, de tout son corps et de toute son âme.

Ce n'était pas seulement ce geste de dévotion qui surprenait certains ou les mettait mal à l'aise, mais le fait que tu dises à la fois le *Notre Père* et la *Fatiha*, la sourate d'ouverture de la prière en islam, et que tu ponctues la messe ou la prière d'appels à Allah. Pour le commun des mortels, Allah appartient à l'islam. Mais comme de la même manière Dieu n'appartient à personne, Allah n'est davantage l'exclusive de quiconque. Devant de telles interrogations, tu t'épuisais à rappeler que le christianisme existe en Orient depuis le Ier siècle, que dans l'empire byzantin et les pays du Moyen-Orient s'est développé le christianisme de langue arabe, la langue de ces régions. Ces Arabes ont beau être chrétiens, pour eux Dieu se dit Allah, comme pour tous les chrétiens des pays à majorité musulmane, au Liban voisin, en Turquie, Égypte, Irak, chez les chrétiens d'Indonésie, de Malaisie, etc. De même que pour les Anglo-saxons Dieu se dit *God* ou, pour les Espagnols, *Dios*. De même que les chrétiens ou les musulmans des pays arabes t'appellent *abouna*, « mon père », comme un Français te nommerait « père », ou « mon père », comme un Italien dirait *padre*.

Devant tant de questions naïves, tu simplifiais ton discours et t'évertuais à expliquer que Mar Moussa se trouve en pays arabe, que le prêtre dit la messe et la prière dans la langue du pays, l'arabe, langue naturelle du monastère, donc de sa liturgie, comme, en Italie ou en France, la langue des églises est l'italien ou le français.

Pour abonder dans le sens de ton irritation, je t'avais relaté une piteuse expérience vécue en France lors d'une réunion interreligieuse où une paroisse recevait des chrétiens irakiens. J'étais assis à une table réunissant des femmes chrétiennes d'Irak et de France. Avant le repas, le bénédicité avait été dit par le prêtre. Une religieuse française assise à notre table s'étonna soudain de ce que les femmes irakiennes chrétiennes, présentes au déjeuner avec nous, croix en pendentif, ne respectaient pas le jeûne en cette pleine période de ramadan !!!

« Décidément, la lumière a encore beaucoup de chemins à éclairer », m'avais-tu répondu, accablé.

Certains visiteurs chrétiens d'Occident, de passage au monastère, s'interrogeaient sur une succession de petites attitudes et comportements qui les troublaient par leur « étrangeté ». Pourquoi se déchausser avant d'entrer dans la chapelle comme les musulmans le font dans une mosquée ? Pourquoi s'asseoir au sol sur des coussins et non sur des bancs ? Autant de réponses que tu résumais, pour simplifier, à la tradition des Églises d'Orient comme l'hostie de la communion remplacée par du pain, du vrai pain, etc.

À ces légères difficultés de compréhension, tu ajoutas une déclaration troublante qui se propagea comme une traînée de poudre : « Je suis amoureux de l'islam. » Cette passion singulière sema la confusion jusque dans ta famille jésuite, la Compagnie de Jésus, et dans la Congrégation pour la doctrine de la foi. Plus qu'une passion, « il s'agit d'amour », disais-tu, comme pour affirmer un état dont tu savais qu'il pouvait déranger. Tu poussais ton idéal de dialogue interreligieux jusqu'à imaginer l'utopie d'une « Église islamo-chrétienne », ou « Église de l'islam ». La levée de boucliers vint de toutes parts. Certains musulmans accueillirent ta réflexion avec intérêt, mais d'autres ne voulurent pas en entendre parler, te suspectant de chercher à phagocyter l'islam. Quant à l'Église catholique qui multiplie ses efforts pour protéger le christianisme d'Orient menacé, elle t'accusa de syncrétisme, une religion du mélange, une doctrine de l'amalgame d'éléments chrétiens et musulmans. « Ni une absorption ni un mélange, répondais-tu aux attaques, mais une théologie d'harmonie spirituelle » dans laquelle chrétiens et musulmans s'uniraient pour la gloire de Dieu. On pourrait tout au plus te reprocher une « islamophilie » prononcée. Certaines autorités chrétiennes de Syrie s'empressèrent même de faire preuve de zèle et d'ajouter une très charitable dénonciation de tes actes auprès de la Congrégation pour la doctrine de la foi.

Comme s'il n'y suffisait pas, au terme de débats intérieurs aux plus secrets recoins de tes convictions intimes, tu publias un texte au titre et au fond provocateur : « Éloge du syncrétisme[1] ». Tu y tenais des propos qui allaient surprendre et irriter même plus d'un chrétien, principalement ta hiérarchie.

Tu écrivais entre autres : « Est-ce que je m'estime personnellement musulman ? Je pense que oui, par grâce et obéissance évangélique. »

Une démarche dont tu savais qu'elle serait provocatrice – ou avais-tu peut-être même cherché à ce qu'elle le soit –, histoire de faire bouger les lignes. Toujours l'esprit en dissidence. Incorrigible Paolo ! On devine aisément

1. In A. de Pury et J. D. Maachi, *Juifs, Chrétiens, Musulmans. Que pensent les uns des autres ?*, Éditions Labor et Fides, Genève, 2004.

que ce texte souleva un vif émoi. Tu avais beau répéter qu'il s'agissait de croire en l'islam, mais sans rien retrancher de ta foi chrétienne, que tu n'avais ni l'intention de devenir un prédicateur musulman ni de te convertir à l'islam, rien n'y fit, et les choses se compliquèrent. Tes actions au demeurant très louables sur le dialogue islamo-chrétien étaient certes appréciées, mais analysées, pour ne pas dire surveillées, par la hiérarchie ecclésiale. Elles furent bientôt perçues comme excessives et, en 2005, la Congrégation estima que tu avais assez tiré sur la corde ultrasensible de la doctrine, à travers tes déclarations et tes articles. Elle jugea nécessaire de te formuler un rappel à l'ordre. Avant de t'accorder l'éventuel blanc-seing pour la constitution définitive de ta communauté monastique de Mar Moussa qui était à l'étude, tu fus interpellé par un questionnaire que la Congrégation t'envoya.

Tu me contactas alors et tu fis appel à mes responsabilités d'éditeur au sein du premier groupe d'édition français, afin de publier ta « défense ». J'avoue avoir été ennuyé par ta demande. Te soutenir, oui. Éditer ton texte, je ne pouvais m'y résoudre pour des raisons bassement matérielles. D'une part, la ligne éditoriale de la société que je dirigeais ne faisait aucune place au genre strictement théologique et sa publication aurait fait perdre toute crédibilité à ton texte, par manque de légitimité de l'éditeur. D'autre part, ta défense ne réunissait pas une vingtaine de feuillets et ne pouvait constituer un livre.

Le tribunal dogmatique te convoqua à Rome. Qu'allait-il faire de ta liberté de conscience ? De conscience soit ! Nul ne pouvait t'interdire de penser. Quant à l'exprimer publiquement… Le tribunal te reçut, écouta ta « plaidoirie », tu t'engageas à plus de retenue dans l'avenir, et Joseph Ratzinger décréta l'indulgence. Tu fus absous, et tu obtins en 2006 l'approbation officielle tant attendue : la communauté monastique de Mar Moussa fut enfin reconnue de droit pontifical.

Tout avait bien commencé.

Quand les visiteurs découvraient le monastère, tu ne pouvais échapper aux questions récurrentes qu'ils se posaient sur cette rencontre éperdument affective d'un homme avec une forteresse abandonnée au milieu de nulle part. Tu te prêtais avec plaisir au récit de l'aventure, en insistant sur cette faculté inestimable que la raison a d'aider les opiniâtres. Et de l'obstination, il allait t'en falloir au-delà de l'imaginable. Tu avais décidé de vouer ton existence à la paix et au lien entre les religions. Mar Moussa se prêtait parfaitement à la matérialisation de ton utopie. Une aventure grandiose et surhumaine dont seuls les mirages du désert pouvaient masquer les écueils.

La nuit était fraîche, comme souvent dans les montagnes du Qalamoun. Nous étions ce soir-là une dizaine de personnes présentes au monastère, assis sous la lune, nous réchauffant d'un verre de thé ou d'infusion de *zataar* (thym) que l'un d'entre nous avait apporté dans des thermos.

L'esprit en éveil, nous nous apprêtions à t'écouter relater une histoire que la plupart d'entre nous connaissaient, mais ton aventure sort à ce point de l'ordinaire que la perspective de l'entendre racontée par son principal acteur excitait toujours notre intérêt.

Les années de plomb italiennes allaient finissant. Tu prenais de la distance avec le temps des révoltes politiques pour un autre engagement, religieux celui-ci, dans la Compagnie de Jésus. Jeune jésuite, tu éprouvais une curiosité quasi passionnelle pour l'islam et tu souhaitais vivre l'expérience en terre musulmane. Tu tenais à offrir ton existence au dialogue islamo-chrétien. Le désir farouche que tu exprimais pour ta nouvelle vocation emporta l'adhésion de ta hiérarchie. Elle fut sensible à ton appel, y crut et l'encouragea même. Tu partis étudier l'arabe au Liban, puis tu poursuivis ton cursus à Naples durant deux ans, appris l'hébreu à Jérusalem et, enfin, tu t'immergeas à Damas dans la religion révélée au prophète Mahomet. Tu allais t'y imprégner du rite catholique syriaque, le plus proche de l'islam, et être ordonné prêtre.

Dès 1982, ton destin va se déployer dans le désert syrien, non loin de Nebek. Une citadelle monastique oubliée se dresse devant toi sur son promontoire de roche, comme pour t'interpeller. L'endroit et la bâtisse sont idéals pour réduire les frontières entre christianisme et islam. « Je suis arrivé les yeux curieux, ils se sont émerveillés », et, quand on connaît les lieux, on comprend combien ils ont pu en effet te subjuguer.

L'édifice n'attend que toi pour reprendre vie et tu décides de lui consacrer la tienne. Ce ne sera pas une abbaye d'illusion vivant dans l'abondance comme l'abbaye de Thélème chère à Rabelais, tout au contraire, une forteresse religieuse vouée à la prière et au dépouillement, avec une petite porte basse pour accès, mais ouverte large et immense sur l'humanité. Un monastère engagé pour l'accueil de l'altérité et de la fraternité humaine.

La bâtisse a été oubliée depuis que ses derniers moines l'ont quittée vers 1830. Elle souffre de son abandon. Le toit et le plafond sont effondrés par endroits. L'iconostase est sérieusement endommagée comme les fresques merveilleuses de force et de solennité peintes aux murs et aux plafonds. Il ne s'agira pas d'une reconstruction, mais d'une véritable résurrection. Le chantier semblerait insurmontable à quiconque, sauf à toi, Paolo. Porté par un élan divin, tu prends l'engagement de redonner souffle à la bâtisse qui hiberne et s'épuise depuis plus de cent cinquante ans.

L'entreprise peut paraître follement romanesque, à la manière d'un conte oriental qu'aurait écrit Nerval. La réalité est tout autre et l'on en prend conscience quand tu évoques les visions que tu as du nouveau Mar Moussa, une histoire qui va s'étirer sur de longues années.

Pour la réalisation de tes desseins, tu dois d'abord gagner l'aval des hiérarchies catholiques locale et romaine, la compréhension du Vatican, l'accord et l'aide des autorités syriennes qui te délivrent un permis de résidence et te suivent dans tes chimères, voulant ainsi montrer que le régime est ouvert à un nouveau projet interreligieux d'origine étrangère. L'exposé du chapelet des travaux à accomplir pourrait paraître fastidieux, mais l'ampleur de la tâche incommensurable oblige.

Pour relever Mar Moussa, il faut bien plus que ta démesure, il faut la foi. Et ta foi va être partagée par les moines et moniales dont tu vas emporter la conviction et qui décident de te rejoindre pour constituer ta communauté, la communauté *al-Khalil* – l'ami de Dieu –, du surnom arabe donné à Abraham.

Tu te fais architecte, archéologue, expert en art, bâtisseur, sauveur de ce patrimoine unique que tu projettes de développer. Outre rebâtir l'édifice, il y a tout à créer : des cuisines, des cultures potagères, une bergerie, organiser un espace d'hébergement pour les retraitants et autres visiteurs du monde entier, de toutes confessions, prévoir du linge en suffisance, sans oublier la construction de nouveaux espaces d'accueil pour l'avenir que tu vois grand.

Il te faut trouver des têtes, des bras, des ouvriers, des bénévoles, gérer les relations de la mosaïque humaine présente et de passage, les frictions intérieures entre participants et les conflits avec le voisinage, autant d'engagements et d'autres que tu parviens à surmonter tout en animant l'essentiel : la vie spirituelle.

Comme si ces actes et ces réalisations ne suffisaient pas à ton insatiable quête, tu ajoutes des projets à plus long terme, éducatifs et humanitaires, des classes de musique, une aide aux étudiants, une aide aux soins, etc. Des personnalités répondent à ton appel et viennent sur place comprendre Mar Moussa : l'ambassadeur d'Italie en Syrie, le ministre des Affaires étrangères italien, la direction des Antiquités syriennes, plusieurs autres ambassadeurs, des experts de l'Institut italien de restauration, car l'édifice requiert un savoir-faire de spécialistes.

J'ai été subjugué à chacun de mes passages par les fresques remarquables des murs et des plafonds. Des fresques riches de scènes saintes du XIe siècle, retouchées au début du XIIIe, peintes par des artistes dignes de figurer parmi les meilleurs de l'art chrétien d'Orient. Y figurent entre autres Jésus au Temple, le Christ Pantocrator, la grande fresque de l'Annonciation, les Évangélistes, mais aussi le Jugement dernier, Adam et Ève… et la fresque fascinante du Sein d'Abraham, l'intercesseur des âmes sauvées qu'il tient dans un linge, avec dans la même posture à ses côtés Marie, Isaac et Jacob. J'avais eu le privilège d'assister, une seule fois hélas, à la réfection de ces chefs-d'œuvre, où des artistes intervenaient avec une infinie méticulosité à l'aide de spatules, seringues et petits pinceaux sur ces merveilleuses pièces de l'art sacré de Syrie.

Toi, tu continuais inlassablement de parcourir le monde en quête de soutiens financiers. Devant l'ampleur de ton projet, et convaincus de ta capacité à le réaliser, de grands groupes pétroliers internationaux te suivirent, Shell et la fondation Total. L'Union européenne t'accorda des financements, de même que le Sénat français, l'association britannique Lawrence d'Arabie, etc. Ils acceptaient de contribuer à la réfection de l'œuvre, de l'éclat du monastère, et par voie de conséquence, à la subsistance de sa communauté.

Les années s'écoulent, Mar Moussa se développe au rythme des emballements de ton cœur. Tout ce que tu entreprends est placé sous le signe de l'enthousiasme. L'esprit que tu insuffles rayonne de plus en plus fort et de plus en plus loin, en Syrie et bien au-delà. Les membres de ta communauté se dévouent pleinement à ton projet qui est aussi devenu le leur depuis longtemps. Ensemble, pierre après pierre, vous parvenez à donner corps physique et corps spirituel au monastère dont l'action phénoménale est couronnée de reconnaissance et de récompenses internationales.

Trente années durant lesquelles tu as réussi à bâtir nombre de tes rêves. Tu en laisses aujourd'hui l'héritage avec, hélas, ce qu'il reste aussi de leurs dépouilles.

*

Quiconque entend donc mes paroles et les pratique sera pareil à cet homme sensé qui a bâti sa maison sur de la roche.
La pluie est descendue, les torrents sont venus, les vents ont soufflé et sont tombés sur cette maison, et elle n'est pas tombée, car elle était fondée sur de la roche.

Mt 7,24-25.

*

Et moi je te dis que tu es Pierre, et sur cette roche je bâtirai mon Église, et les portes de l'Hadès ne seront pas plus fortes qu'elles.

Mt 16,18.

*

Fin 2010, début 2011, le monde arabe gronde. Le ressentiment d'années d'oppression jette les peuples dans la rue. Un étourdissant besoin de liberté soulève les foules. Enfin elles se dressent. Le « Printemps des peuples » est à leur portée et tu suis avec fébrilité la progression irrépressible de la vague qui déferle et se rapproche de la Syrie. La parole est muselée depuis si longtemps… Elle ose se libérer et les barrières cèdent sous le poids d'une colère impérieuse. Les révoltés ont entrepris de renverser les despotes qui ne tiennent que par l'asservissement et la peur.

17 décembre 2010, les Tunisiens lancent le réveil arabe. « *Erhal!* », « Dégage! », le signal est donné, les dictateurs seront mis à bas. Tu t'en réjouis et ne caches pas ta joie. Sous la

pression populaire, Zin el-Abidine Ben Ali, à la tête de la Tunisie depuis 24 ans, fuit son pays pour se réfugier en Arabie saoudite. Quelques semaines plus tard, Hosni Moubarak, président égyptien depuis 30 ans, démissionne puis est condamné par la justice et emprisonné. Mouammar Kadhafi, au pouvoir en Lybie depuis 42 ans, s'échappe devant la révolte. Il est capturé, désarmé, lynché et tué près de Syrte. Ali Abdallah Saleh, président du Yémen depuis 33 ans, est chassé du pouvoir et tué par les rebelles chiites houthis.

La Syrie, que la famille Assad tient d'une poigne de fer depuis plus de 40 ans, voit à son tour la contestation se lever et prendre de l'ampleur. À Damas, puis à Deraa, non loin de la frontière jordanienne, des Syriens par centaines bravent le pouvoir et lui lancent des slogans hostiles. Ils veulent vivre enfin, vivre vite, vivre la liberté. L'espoir donne du souffle à l'exaspération, elle s'exprime d'abord pacifiquement à la force des humbles, et tu t'en félicites.

Tu t'es souvent évertué à expliquer la démocratie à de jeunes Syriens qui ne l'ont jamais connue. Ils ne parviennent pas à imaginer et à conceptualiser la liberté. Lors de réunions discrètes, vous réfléchissiez au moyen de l'inventer. À présent, ils la croient à leur portée.

Le pouvoir syrien ne peut tolérer les aspirations du peuple. Démocratie ? Liberté ? Il est des mots qu'Assad ne veut pas entendre, ne peut pas entendre. Dans son pays de tradition policière, il va redoubler d'efforts et envoyer ses sbires contre les fauteurs de troubles ; forces de l'ordre, armée, milices, services secrets sont lancés. Il libère de leurs geôles les extrémistes islamiques les plus enragés afin qu'ils déstabilisent les rangs des rebelles et radicalisent l'opposition. Sa meute est lâchée, elle multiplie ses charges contre la révolte et la soumet par des tirs à balles réelles. Les manifestants tombent sous le feu de la répression. La violence d'État entraîne en réponse la violence de défense des insurgés qui prennent les armes, et la situation dégénère.

Mars 2011, tu suis avec angoisse cette action sanglante contre la rébellion civile. Pour annihiler toute velléité populaire, les troupes brisent l'insurrection et bafouent sans retenue les droits humains. Assad s'arroge le pouvoir absolu sur tous les vivants de Syrie et piétine ses opposants. Il jure de les écraser jusqu'à ce qu'il ne reste plus que l'ombre des hommes.

Tu es désespéré.

En Italie, au temps de ta jeunesse, pendant les années de plomb, tu avais éprouvé de fortes sympathies à l'égard des Brigades rouges. Tu avais hésité puis finalement renoncé à les rejoindre. En Syrie, face aux massacres et à l'image obsédante des victimes, tu oscilles entre le dévouement à Mar Moussa et la fureur. Fureur contre Assad, fureur contre toi-même, fureur contre la société internationale qui se voile la face, pendant que le sanguinaire décime aveuglément son peuple.

Chaque Syrien victime du régime est ton frère d'âme. Devant l'injustice, devant la chape qui s'abat, tu ne peux te limiter à être spectateur du drame. Tu procèdes d'abord avec sagesse et tu organises des jeûnes de réconciliation, des séances de prières pour la paix, des prières offertes au ciel qui semble ne rien vouloir entendre. Tu veux essayer de réunir toutes les composantes de la lutte, pour un dialogue salutaire. Mais comment parvenir à rassembler des hommes aux idées et aux motivations aussi divergentes, ceux du pouvoir, ceux de l'Armée syrienne libre qui se forme, issue de plusieurs sous-groupes, et les sunnites, chiites, Hezbollah, Kurdes, chrétiens, les diverses sensibilités des Frères musulmans qui attendent leur tour pour intervenir dans le conflit, sans compter les pilleurs et les kidnappeurs… Tu dis les connaître tous, nombre d'entre eux te respectent, mais la tâche s'avère surhumaine, voire impossible !

Tu te tournes de tous côtés et en appelles au monde.

Tu ne peux compter sur l'empathie et l'aide des Églises autochtones. Déjà en temps de paix, on le sait, beaucoup d'entre elles ne te portaient pas dans leur cœur. À leurs yeux, tu étais trop proche de l'islam, et tes excès faisaient de toi un agitateur dont la fréquentation pouvait s'avérer dangereuse. Mis à part quelques intellectuels phares, la prudence des chrétiens consiste à laisser les musulmans se battre entre eux et à rester hors du conflit. Tu as beau leur opposer les milliers de victimes du régime, leur rappeler les valeurs chrétiennes de l'amour universel, elles font le dos rond, et prient.

Il en était de même en Irak au temps de Saddam Hussein, où certains évêques remerciaient Dieu d'avoir un *raïs* bienfaiteur. Il leur payait des églises, leur offrait des voitures rutilantes et les protégeait des intégristes musulmans qui, depuis des décennies, harcelaient les chrétiens d'Irak et les poussaient à l'exode. Par sa protection, Saddam Hussein voulait donner le change à l'Occident chrétien et lui montrer des signes d'intelligence.

En Syrie, depuis des décennies, la présence chrétienne se réduit comme peau de chagrin, pour ne représenter qu'une pauvre minorité en danger continuel. Massacrés, chassés ou redoutant de l'être, ceux qui restent de la communauté et de leurs différentes Églises préfèrent pour la plupart se ranger sous la protection du pouvoir, quitte à devoir fermer les yeux sur ses exactions. Mieux vaut Bachar plutôt que la menace inquiétante de cet intégrisme rampant qui s'apprête à s'abattre sur le pays. Pendant tes trente années en Syrie, tu as vu cette présence chrétienne se réduire inexorablement, et tu redoutes qu'elle ne devienne résiduelle. Ce constat te remplit de tristesse, tu comprends l'attitude des chrétiens qui cherchent l'appui du pouvoir et tu t'en veux à la fois de les comprendre.

En Irak comme en Syrie, les salafistes prônent la disparition des chrétiens de leur territoire. Ils les considèrent théologiquement comme des « associateurs » qui ne croient pas en Dieu, l'Unique, mais en trois dieux, selon une interprétation mal comprise du mystère de la Trinité. De plus, pour eux, les chrétiens d'Orient sont les complices de la mondialisation occidentale qui met en danger la société arabo-musulmane par un dévoiement inacceptable des mœurs.

Tu sais tout cela, et le déplores bien sûr. Sans pour autant absoudre ces insurgés, tu déploies mille efforts de dialogue. Tu veux les éclairer sur les causes erronées de leur exaspération, dire avec une certaine humanité à ceux qui veulent bien l'entendre, que les concepts de l'Occident leur sont étrangers peut-être, mais que la démocratie a du bon. Il est urgent et important de donner tort à ceux qui nient aux pays arabes la capacité d'accéder à cette démocratie.

En 2011, la Syrie n'est pas encore confrontée au djihad violent, et tu t'évertues à semer la bonne parole vers tous les musulmans. Tu leur expliques que les intégristes assimilent à tort les chrétiens d'Orient à l'Occident chrétien, avec l'héritage de sa domination coloniale dont ils voudraient effacer toute trace, autant que les dérives du présent. Le cinéma, la télévision, la musique et autres médias véhiculent à leurs yeux une société aux mœurs décadentes, où les valeurs traditionnelles de la famille n'ont plus cours, où, selon eux, les femmes s'habillent de manière provocante et se dévoilent – une déchéance qu'un bon musulman ne peut tolérer. Pour en finir avec ces dérives occidentales, les intégristes prétendent ré-islamiser la société musulmane par la stricte application de la charia d'essence divine. Ne pas respecter l'ensemble de cette loi sacrée et de ses interdits constitue pour eux un outrage à l'islam qu'ils se doivent de combattre, même par la violence. Malgré ces déclarations obscurantistes, tu continues de prêcher inlassablement le dialogue, croyant obstinément aux vertus de l'échange.

Tes discours sur le vivre-ensemble, dans le respect réciproque, n'ont hélas aucune chance de faire reculer les idées toutes faites, et tu te heurtes à une incompréhension inébranlable. Les djihadistes infiltrent peu à peu la société syrienne et tu insistes toujours, avec ta foi en la lumière. Mais les futurs al-Qaïda, al-Nosra, État islamique… ont pour seule doctrine d'imposer leur loi religieuse à l'ensemble de la société, toutes confessions confondues, et tu vas en faire le triste constat. Dans le même temps, tu appelles l'Occident « à plus de miséricorde », plus de clairvoyance envers un islam en souffrance.

2012 vient de commencer dans le sang, comme 2011 a fini dans la douleur. Les lignes se durcissent. Les divers groupes révolutionnaires, laïques, religieux, se retrouvent unis dans le rejet de la dictature et de l'oppression. Ils lancent leurs appels à la justice céleste, « *Allahu akbar* », quand les affidés d'Assad érigent le président en idole et inventent un slogan profane : « Dieu, pousse-toi. Laisse la place à Assad. » Les djihadistes sortent à présent de l'ombre. Prise entre eux et les troupes gouvernementales déchaînées, appuyées par les Gardiens iraniens de la Révolution, la Syrie n'est plus peuplée que de perdants tragiques qui plient sous la violence et la peur. Tu ne te suffis plus du désespoir. La culpabilité de l'inertie te gagne.

Lors de notre ultime rencontre de mars 2013 à Paris, nous avons évoqué le dilemme qui t'obsédait. Mille questions t'avaient assailli. Y avait-il quelque chose d'immoral à t'engager dans cette guerre? Était-il légitime que tu y participes? que tu t'engages dans un conflit armé, quel qu'il soit, fût-il juste? Et juste pour qui? En serviteur de Dieu, tu ne pouvais t'y résoudre, même en envisageant que la guerre soit constitutive de l'état naturel de l'homme. Une fatalité? Tu écartais cette lecture catastrophiste de la condition humaine.

Tu argumentais en disant qu'il ne s'agissait pas de faire la guerre, mais de se défendre. Toi qui militais pour la paix universelle, tu ne pouvais admettre ta participation active dans cette déflagration, à moins que son but ne soit supérieur et ne t'y ait autorisé: créer une nouvelle société, fondée cette fois sur la justice et la paix, et en accepter par conséquent la fonction régénératrice.

Tu ne pouvais moraliser la guerre et pourtant, tu t'y sentais de plus en plus entraîné, vertigineusement obligé. Ton aspiration profonde n'était pas la victoire mais la paix, oui la paix, même si, pour l'atteindre, il fallait en passer par la guerre. Non, définitivement non ! Tu ne pouvais supporter, sans intervenir, le carnage aveugle des femmes et des enfants. Tu refusais, d'un rejet le plus viscéral, le massacre des innocents.

Tu avais cherché une justification morale qui t'aurait autorisé à t'engager au côté des insurgés, une raison supérieure qui aurait peut-être même dépassé la raison, l'instinct d'humanité.

*

Mais enfin, j'avais beau être en plein bouillonnement d'hésitations, je faisais mille gestes, de ces gestes que les hommes voudraient pouvoir accomplir, sans le pouvoir, soit qu'ils n'aient plus même de membres, soit que ces membres soient ou liés de chaînes, ou brisés par la maladie, ou entravés d'une manière ou d'une autre: m'arracher les cheveux, me frapper le front, étreindre mes genoux de mes doigts enlacés, si je l'ai fait, c'est parce que je l'ai voulu. Mais j'aurais pu le vouloir et ne pas le faire, si la mobilité de mes membres n'avait pas suivi. J'ai donc accompli mille actions où le « vouloir » n'impliquait pas forcément le « pouvoir ».

Saint Augustin,
*Les Confessions*, Livre VIII, 2.

*

Les restes enfouis de ton idéologie rebelle prennent le dessus. Attendre impassible la violence d'État, accepter la mort et l'acte de tuer dépassent ta nature. Tu exclus l'idée de prendre les armes, ta conscience d'homme et de religieux s'y refuse. Il faut néanmoins que tu réagisses. Il faut que tu agisses.

Tu consacres alors toute ton énergie, et elle est immense, à sauver des vies. À ton niveau, tu ne peux que procéder à des évacuations et soins aux blessés dans des hôpitaux clandestins, donner ton sang… autant d'actes pour lesquels le régime et tous tes détracteurs, en un chœur unanime, t'accusent de complicité avec les terroristes puisque, en contribuant à les sauver, tu leur permets de réintégrer la lutte. Tu organises des fuites vers le Liban, la Jordanie, le Kurdistan, l'Irak. Tu lances des recherches de disparus pour apaiser les familles et tu dois assurer les célébrations de trop nombreuses funérailles. Tu te mêles de tout, disent tes contradicteurs, mais ta révolte t'y oblige.

À Rome, la Compagnie de Jésus est dans l'embarras. Elle te recommande plus de discernement, t'engage à te recentrer sur ta mission ecclésiale et à renoncer à tout appui aux insurgés. À Mar Moussa, ta famille monastique respecte tes révoltes, même si tu la mets en danger. L'âme gonflée de déchirements, tu te retrouves dans la situation de celui qui s'obstine à marcher seul. Pourtant, rien ne t'arrête.

À l'étranger, on suit ta lutte et on l'encourage. On a recours à ton expertise, à ta connaissance de la situation et du terrain. Tu deviens observateur accrédité pour l'ONU et la Croix-Rouge, mais ton engagement ressemble de plus en plus à un activisme forcené, aux antipodes de ta vocation monastique.

En mai 2012, tu écris une lettre ouverte à Kofi Annan, ancien secrétaire général des Nations unies, envoyé spécial pour la Syrie, lettre dans laquelle tu demandes, entre autres, un cessez-le-feu, l'intervention de milliers de Casques bleus pour constituer une force d'interposition, l'abolition des sanctions qui accentuent le dénuement des populations les plus humbles, et un changement de la structure du pouvoir en place, avec l'établissement d'un processus démocratique d'autodétermination.

Tu as beau dire que tu te bats non par haine des uns mais par amour des autres, tes agissements sont nettement orientés contre le gouvernement syrien. Ton action est politique, et tu franchis des limites qu'Assad ne peut tolérer.

Ton évêque te convoque bientôt et t'annonce la décision prise à ton encontre par le pouvoir : le 12 juin 2012, tu es expulsé de Syrie.

Tu n'es pas de ceux qui répondent à la gifle sur la joue droite en tendant la joue gauche, et tu ne te sens pas en état de rentrer dans le rang pour te taire. Tu quittes le pays sans pour autant t'échapper de toi-même, restant toujours jésuite au cœur, sans rien perdre de ton idéal. Tu affermis ta pleine adhésion idéologique aux forces de l'Armée syrienne libre et tu te rabats au Kurdistan irakien où le monastère de Sulmaniyah t'accueille et devient ta base arrière. De là, tu poursuis ta mission, avec parfois quelques incursions clandestines en Syrie. Protégé par des complicités précieuses de groupes kurdes ou de combattants de l'ASL, tu parviens à passer entre les mailles.

La pensée en ébullition, la parole toujours torrentielle, tu participes à des réunions de l'opposition syrienne, à des débats, des conférences dans plusieurs villes d'Europe, à des manifestations contre le pouvoir. Tu lances des appels à l'aide, à l'envoi d'armes pour les révolutionnaires, tu multiplies des déclarations et interviews en radio, sur des chaînes de télévision, dans la presse écrite, au Liban, dans les Émirats, en Italie, en France, afin d'alerter les hommes libres, afin de créer un choc auprès des gouvernements et de leurs opinions publiques.

Tu ne te contentes pas d'appels. L'extrême urgence s'impose. Avec plusieurs amis du monde, tu fondes une œuvre humanitaire, l'ONG Relief and Reconciliation for Syria. Son but : unir des communautés religieuses différentes autour d'une cause commune, l'aide aux jeunes Syriens en détresse.

Mar Moussa est toujours ton enfant, mais tu veux le laisser libre de grandir sans toi, comme un père le fait de son fils devenu adulte et qu'il aime. C'est pour le protéger que tu le quittes, sans pour autant l'abandonner. Tu lui laisses un héritage unique : le monastère relevé de l'oubli et qui se dresse, des années d'archives, ta mission, et l'esprit. Tu lègues à ta communauté ton hérédité qui ne s'éteindra jamais.

Tu les sentais venir. Ils ont déjà pris le nord de l'Irak et, en avril 2013, ils avancent en Syrie. Les djihadistes ont pour but d'installer leur califat sur la Mésopotamie, « leur État islamique ». Ils raseront les frontières crayonnées par les anciennes puissances mandataires, la France et la Grande-Bretagne. Ils effaceront les lignes tracées sur les cartes du Moyen-Orient en 1916 par Mark Sykes et François Georges-Picot.

Quand, en 2012, tu quittais la Syrie, et que des conseillers russes venaient renforcer la stratégie des forces d'Assad, tu ne pouvais imaginer ce que la présence de ces mentors augurait. Il est bon parfois de rappeler certains moments d'histoire.

Pour Moscou et Damas, cette coopération militaire n'est que le prolongement logique d'une relation indéfectible commencée en 1980, au temps de l'Union soviétique. Un traité d'amitié est alors signé entre les deux pays, qui va aider Hafez al-Assad à asseoir son pouvoir conquis par un coup d'État neuf ans plus tôt. Les déclarations d'amitié russo-syriennes sont suivies de livraisons de chars, d'avions de chasse et de missiles par centaines, de pièces d'artillerie par milliers, afin de renforcer l'indépendance de la Syrie et de faire la nique à l'ancien mandataire français, sans oublier l'horizon pétrolier.

Cette fidélité entre Moscou et Damas donne même lieu en 1987 – on l'a oublié – à l'envoi dans l'espace, à bord de la station spatiale russe MIR, du premier cosmonaute arabe, le Syrien Mohammed Faris. Il est sacré héros national, son aura enorgueillit le pays et tout le monde arabe. Par la suite, des milliers de jeunes Syriens sont formés dans les écoles d'officiers soviétiques puis russes, et Moscou devient le premier fournisseur d'armes de Damas. Il y a donc une certaine et implacable logique à ce que le fils, Bachar, marche sur les traces de son père et fasse appel à l'ami de longue date pour l'aider dans sa lutte contre les révolutionnaires syriens, et contre les djihadistes.

Sais-tu ce qui s'est passé et se déroule encore en Syrie, Paolo, depuis le 29 juillet 2013, depuis ton absence ? Entre batailles, abandons et reprises, entre guerre confessionnelle et guerre civile, entre défaites et victoires éphémères, dès 2015, les combats sont marqués par un renforcement extrême de l'horreur, et Alep est vouée aux plus noirs des cataclysmes.

Malgré sa forte empreinte mystique, la cité multimillénaire s'était essayée à la modernité depuis plus d'un siècle, en grande partie sous l'impulsion des chrétiens. La route de la soie, dont elle était une étape importante, et ses fameux savons l'avaient rendue célèbre sous toutes les latitudes.

Alep où nous nous sommes retrouvés plus d'une fois, ville des derviches tourneurs et des musiques du monde, Alep que nous aimions tant a subi un acharnement mortifère sans précédent dans son histoire. Les populations civiles ont enduré des bombardements aériens d'une violence inouïe. Des avions contre des combattants au sol, mais aussi contre des femmes et des enfants, une détermination guerrière dont nous ne pouvions pas imaginer la barbarie. Bachar al-Assad et Vladimir Poutine ont uni leurs efforts pour en éradiquer le moindre soubresaut de contestation, des actes qualifiés de « politique d'extermination » par l'ONU. Et la déclaration du président français François Hollande, le 20 septembre 2016, lors de l'Assemblée générale des Nations unies, n'y a rien changé :

« Cette tragédie syrienne sera devant l'Histoire une honte pour la communauté internationale si nous n'y mettons pas fin rapidement. Alep est une ville aujourd'hui martyre qui restera dans la mémoire des Nations comme une ville martyre. Des milliers d'enfants sont écrasés sous les bombes. Des populations entières sont affamées. Des convois humanitaires sont attaqués. Des armes chimiques sont utilisées. Eh bien, je n'ai qu'un seul mot à dire : ça suffit ! »

Hélas, ces paroles n'ont en rien suffi.

Le peuple syrien a été abandonné par le monde, et à Alep, la ligne rouge de l'insupportable a été franchie. Les frappes aériennes, les largages abjects de bombes au phosphore et de barils d'explosifs se sont poursuivis au même rythme, comme s'il s'agissait, pour les pilotes russes, d'un entraînement aux conflits futurs, ceux qui allaient survenir en Ukraine dès le 24 février 2022. Et quand les airs ne suffisaient pas à leurs massacres, les hommes de l'alliance russo-syrienne ajoutaient à leurs horreurs le pillage, le viol, la torture, la pendaison. À ces mortelles déflagrations humaines se sont ajoutés séismes et répliques de février 2023. En raison de la « rétention » par le pouvoir des secours internationaux envoyés au régime syrien, de très nombreuses victimes ont été privées de l'aide essentielle à leur survie.

Alep, ville brûlée par les armes et les bombardements des hommes, région dévastée par le tremblement de la terre dont les rares survivants émergeaient comme des ombres… Une génération entière sera marquée par le traumatisme des blessés, des morts et des dizaines de milliers de disparus. Avant de fuir la ville, certains survivants tenaient à taguer ou graver leurs graffitis du désespoir sur des restes de ruines, des messages d'un au-revoir qui ne voulait pas abdiquer : « Nous reviendrons Alep, nous reviendrons. »

*

> Elle [Alep] arrêterait presque l'astre qui tourne autour de la terre tant elle est haute et élevée.
> Ses habitants boivent à l'abreuvoir de la voie lactée, et ses coursiers broutent les étoiles comme des fleurs.
>
> Abî al-Mansûr.

*

Il y eut Alep, il y eut Palmyre. Belle sous toutes les lumières, au lever du soleil comme au crépuscule, elle régnait sur le désert depuis près de deux millénaires. La reine Zénobie en avait fait un empire aussi puissant que Rome. Cette splendeur de la Syrie abritait la mémoire de divinités du monde antique. Les maîtres du ciel avaient pour nom Bêl et Baalshamin. Pour les islamistes, ce passé somptueux représentait une offense à l'islam. En mai 2015, Palmyre est prise par l'État islamique qui se livre à nombre de crimes humains et culturels sur ce trésor archéologique inestimable. En 2016, Palmyre est reprise à l'EI par la coalition russo-syrienne.

Tu te souviens de nos errances admiratives, dix ans plus tôt, le long de la colonnade et dans l'amphithéâtre où tu déclamais en latin des vers de Virgile. Tu pleurerais aujourd'hui devant le spectacle de désolation qu'ont laissé les saccages et les combats. L'EI a détruit les temples de Bêl et de Baalshamin, de trop nombreuses colonnades, l'agora et l'Arc de triomphe.

De triomphe, il y eut celui éphémère de Poutine, le 5 mai 2016. Pour célébrer sa victoire sur Palmyre, il offrit un concert de musique classique de propagande intitulé « Prière pour Palmyre ». Il avait dépêché sur place l'orchestre symphonique du théâtre Mariinsky de Saint-Pétersbourg qui se produisit dans l'amphithéâtre antique. Sous son portrait trônant sur le site, et à travers un montage vidéo préenregistré, Poutine déclara que ce concert redonnait vie à la cité antique et qu'il constituait un « acte d'humanité ». Ce mot, dans sa bouche, avait quelque chose d'un sacrilège.

Que pouvais-tu faire, Paolo, dans ton acharnement à vouloir unir tous les Syriens, quand les grandes puissances ont vite abdiqué et abandonné le pays au martyre ? Les victimes n'ont plus d'âme, les morts ne sont plus que des chiffres, des bilans douloureux. 350 000, 500 000 victimes, selon l'ONU ou l'Observatoire syrien des droits de l'Homme. Comment procéder à un recensement fiable quand ces estimations ne cessent d'augmenter chaque jour ? Sans parler des blessés, des disparus, des prisonniers, des six millions de réfugiés hors Syrie qui s'ajoutent aux sept millions de déplacés internes. Il ne reste plus que la fureur et les pleurs. Devant les massacres et les carnages, les bouches hurlantes se sont désespérément figées vers le ciel. Que restera-t-il de l'âme syrienne ? Assad et Poutine, les deux plus grands criminels de guerre du XXIe siècle, se sont acharnés à la détruire.

Il y eut d'abord des informations heureuses, ce message électronique que tu envoyas à tes proches le 27 juillet 2013, dès ton arrivée à destination :

« Salut à tous de Rakka. En Syrie libre. »

Tu étais donc libre, toi aussi, et tu avais accès à une messagerie électronique. Ces quelques mots voulaient rassurer les tiens et tes amis. Des mots qui déclenchèrent la joie et réitéraient à la fois ton engagement. « Syrie libre » sous-entendait que tu avais *a priori* rejoint les rangs du Front révolutionnaire syrien. Tu allais pouvoir prendre contact avec les responsables islamistes, car ces deux groupes opposés, ceux de la révolution et ceux de Daech, ont en apparence un ennemi commun : le pouvoir. Cela crée parfois des passerelles, délicates certes et complexes, qui peuvent cependant laisser place à des arrangements de circonstance. Hypothèse à considérer néanmoins, parmi tant d'autres. Bien que le terrain fût extrêmement dangereux, tu serais donc en mesure d'effectuer la mission que tu t'étais fixée: négocier la libération d'otages.

Nul n'en doutait, même si tous tremblaient.

On disait que tu avais été accueilli par des Syriens en liesse et acclamé par une foule énorme venue à ta rencontre. Une vidéo en apportait la preuve. Une relation peut-être romanesque des faits. Dans une situation aussi malaisée, on peut admettre que le moindre indice positif puisse être amplifié. Étaient-ils dix, cent, mille? Qu'importe. Venir publiquement t'encourager, c'était déjà prendre des risques car les services secrets syriens, et les forces militaires de l'État, veillaient. À tes côtés, tes amis tenaient à manifester leur espoir en une Syrie inscrite sur la voie du progrès.

Le lendemain, 28 juillet, et le 29, tu es allé au siège de Daech à Rakka, pour rencontrer leur émir al-Bagdadi. Ton plan se déroulait comme prévu.

Puis ce fut le silence.
Et depuis, toujours le silence.

La première conclusion s'imposa vite. Tu avais été arrêté, ou kidnappé, pris en otage, et dans tous les cas retenu prisonnier.

Quand je pense à toi, Paolo, face à tes geôliers quels qu'ils soient, je cherche à imaginer la situation dans laquelle tu vis et en quel lieu de détention tu peux être séquestré. Dans une prison, une cave, un appartement en pleine ville, entravé sous une tente ou, comme dans la vie monastique, enfermé au désert, dans une grotte ? Si tes ravisseurs ont été à l'origine des djihadistes, ils se sont vus contraints de te surveiller étroitement et de te déplacer souvent. Au-delà de leurs obligations dues à des mouvements stratégiques, tu as dû leur causer des complications inhabituelles. Où que tu sois, tu tiens certainement un grand espace dans leur cachot, un espace proportionnel à la démesure physique et spirituelle que tu leur as sans doute imposée dès ton enlèvement. Ton acharnement naturel à la joute d'esprit pour l'éveil de la pensée et de la conscience n'aura pas manqué de les perturber. Tu auras même trouvé ce dialogue enrichissant et plein d'enseignement pour mieux comprendre l'origine ou les raisons de leur souffrance et de leur révolte. Il te faut comprendre.

Je te soupçonne d'avoir remercié le ciel de l'expérience qu'il t'offrait et que tu recevais comme une grâce. J'ose aller jusqu'à imaginer, avec une certaine malice, que tu leur auras fait subir des discussions sans fin. Tu as assez d'expertise psychologique pour les avoir poussés à des débats théologiques interminables, leur rappelant ainsi la capacité offerte à tout homme d'argumenter et de faire appel à la raison.

Ils t'auront bien sûr opposé la justification aveugle de leur combat et même de leur inhumanité. Ils n'ont nul besoin de tes remises en question. Un Italien n'a pas à se mêler des affaires de la Syrie. Un chrétien, qu'ils considèrent comme un *koufir*, un mécréant, n'a pas à discuter du Coran. Ils doivent y voir un exercice blasphématoire, même si tu en sais bien davantage qu'eux sur leur religion. Ta connaissance supérieure de leurs textes sacrés, dont tu fais preuve dans ta thèse doctorale *L'Espoir dans l'islam*, les aura peut-être ébranlés et forcés à la réflexion. Ta volonté affirmée d'observer le ramadan les aura sans doute interpellés.

Parviens-tu à dormir ? T'auront-ils autorisé la prière ? Tu sais, la prière avec prosternation physique ! Et t'arrive-t-il de prier avec eux, comme tu le faisais au monastère, chacun selon sa foi, à l'image d'une échelle de peintre où chacun s'élève de son côté, mais ensemble ? Autrement, nul besoin de leur accord pour affermir ton état de grâce et te retrouver seul dans ton intériorité, dans la disposition de l'humilité nécessaire à la prière. Celui qui prie sans cesse retrouve sa force intérieure, s'emplit de lumière et devient lumineux. Pour saint Alphonse, celui qui prie se sauve, et tu n'auras pas manqué de prier, puisque chaque instant de ta vie est prière.

Au triste chapelet des rumeurs, celles sur ton compte alimentent régulièrement les pages des médias depuis ta disparition. Elles encouragent les espoirs que nourrissent ta famille biologique, ta famille spirituelle et tes amis. Parfois, certains faits douloureux parlent plus haut que d'autres, surtout quand ils touchent à l'un des tiens, pour ne pas dire à ton quasi alter ego en Mar Moussa. Une nouvelle se répandit subitement qui ne fut pas une rumeur.

Tu l'ignores peut-être au fond de ta cellule, même si le téléphone arabe fonctionne dans tout le Moyen-Orient et en toutes circonstances, le père Jacques a été enlevé. Près de deux ans après ta disparition, le 21 mai 2015, Jacques Mourad, qui a bâti avec toi la communauté de Mar Moussa et dont on peut dire qu'il en est un peu le co-fondateur, a été pris en otage, en pleine nuit, à al-Qaryatayn, alors qu'il séjournait au monastère de Mar Elian, Saint-Julien-l'Ancien. Les membres de l'organisation de l'État islamique ont également emmené avec lui le diacre Boutros Hanna. Sous l'impulsion du père Jacques, le monastère continuait d'accueillir depuis 2011 bien des réfugiés civils, chrétiens et musulmans, qui fuyaient les exactions du pouvoir, et des islamistes. De nombreux actes antichrétiens ont alors été perpétrés dans la région par ces barbares exaltés. Ils continuaient d'enlever des dizaines de réfugiés, de s'acharner sur les lieux de culte, et détruisaient à coups de bulldozer, Mar Elian, ce monastère du Ve siècle, ainsi que le cimetière voisin.

Durant sa détention, Jacques Mourad a été fouetté, battu à coup de tuyaux, victime de tortures psychologiques et physiques, de tentatives de conversion forcée le couteau sous la gorge, devenir musulman ou mourir décapité. Autant de violences et de souffrances auxquelles il est parvenu à résister par la prière et le pardon, sans jamais renier sa foi. « J'avais pitié d'eux, et vivais mon enfermement comme une retraite spirituelle », a-t-il dit après avoir recouvré la liberté, car son calvaire a soudain pris fin de façon rocambolesque. Un coup de théâtre digne d'un film d'aventures.

Résumé de la situation : le 10 octobre 2015, certains de ses amis musulmans voisins parviennent à tromper la vigilance des gardes. Ils l'habillent en combattant islamiste, le juchent à l'arrière d'une moto, et l'équipée s'envole vers la liberté. « J'implorais sans cesse la protection de Marie et je tentais de créer une relation humaine avec mes ravisseurs. » L'échange peut parfois fragiliser les desseins des âmes les plus noires, et ouvrir des brèches dans le mal. Tu te réjouiras de savoir qu'il a pu depuis reprendre sa mission humaniste et chrétienne dans divers monastères du nord de la Syrie et de l'Irak. Tu te réjouiras davantage encore quand tu sauras, ou a su, que, début janvier 2023, le synode de l'Église d'Antioche des syro-catholiques a élu le père Jacques à la tête de l'archidiocèse de Homs, nomination approuvée par le pape François : Jacques Mourad archevêque, juste mérite que nombreux ont célébré avec joie, de près ou de loin, en Syrie, au Liban ou en France.

Depuis plusieurs décennies, le monde assiste à la montée des radicalismes religieux et même à la radicalisation des radicalismes. En France, nous en souffrons, comme ailleurs. Tu l'ignores peut-être, depuis ta disparition, les attentats terroristes de djihadistes ayant fait allégeance à Daech se sont multipliés. La liste serait trop funeste à établir. L'un d'entre eux, plus que d'autres, a ravivé nos pensées à ton égard.

En juillet 2016, au cœur d'une petite ville de Normandie, Saint-Étienne-du-Rouvray, le prêtre auxiliaire, le père Jacques Hamel, a été égorgé dans son église, en pleine messe, par deux jeunes terroristes islamistes. Ce prêtre, d'esprit missionnaire comme toi, œuvrait au sein d'un comité interconfessionnel aux côtés du Conseil régional du culte musulman. Trois ans après cet acte odieux, ton silence nous rendait ta disparition plus angoissante encore.

Trois semaines après le début de ton silence, la Ghouta orientale subit le pire. À l'est de Damas, là où l'eau descend de l'Anti-Liban, les Araméens, les Romains avaient aménagé une gorge étroite pour irriguer la plaine. Ainsi est née cette oasis, avec ses lopins de terre, ses canaux et, plus tard, ses cafés et restaurants à l'ombre des arbres. Les lieux constituaient un vaste îlot où vivaient plus d'un million de personnes, où les Damascènes aimaient à venir se détendre. Il nous est arrivé d'y prendre un verre ensemble, de nous y rafraîchir, notamment après notre épisode de Bab Touma, en 2006, où tu m'avais entraîné à des expériences mystiques.

Depuis le printemps arabe syrien de 2011, ces lieux paisibles et idylliques étaient devenus le refuge de groupes d'opposition que l'armée régulière de Bachar al-Assad allait encercler avec ses habitants. Une sorte de « république autogérée » s'y était constituée en rébellion contre le pouvoir et tu les soutenais moralement. Ce petit territoire d'insoumis réunissait des combattants dispersés au sein de la population innocente et neutre.

Où que tu aies été le 21 août 2013, presque un mois après ta disparition, et quel que fût ton lieu de détention, tu as peut-être appris l'horreur qui s'y est déroulée à trois heures du matin : la Ghouta s'est réveillée sous un déluge d'obus au gaz sarin lancés par l'armée syrienne. Le massacre a fait plus de mille cinq cents morts[1], dont la moitié de femmes et d'enfants, sans compter les milliers de civils. Plusieurs pays d'Occident et la Ligue des États arabes ont condamné à l'époque le régime syrien, imperturbable dans son abjection, ajoutant cette attaque des plus meurtrières à la longue liste des malheurs. Depuis, les intérêts politiques ont pris le dessus et, en 2023, certains États

1. Selon Médecins sans frontières.

qui avaient rompu hier avec l'infréquentable pestiféré préfèrent renouer avec lui des relations d'amitié lucrative.

Les semaines, les mois, les années se sont succédé sur le même mode où Assad et Poutine ont réitéré les pires actions inhumaines, sans compter les déplacements forcés de populations, véritables déportations. Toutes les lignes rouges ont été franchies sans que personne soit intervenu. Les crimes contre l'humanité s'y multiplient et la situation catastrophique de la Syrie disparaît du bruit médiatique derrière le conflit armé russo-ukrainien.

*

> Damas s'honore d'avoir abrité le Messie et sa mère sur une colline, séjour tranquille arrosé d'eaux vives, où s'étend une ombre épaisse et où l'onde est semblable à celle du Salsabîl au Paradis. [...] Les jardins entourent Damas, comme le halo entoure la lune, le calice, et la fleur.

> À l'est, sa Ghouta verte s'étend à perte de vue et, vers quelque direction qu'on porte les yeux, sa splendeur éclatante retient le regard. [...] « Le paradis est sur terre, Damas y est, et s'il est dans le ciel, Damas rivalise avec lui, et est à sa hauteur. »
>
> Ibn Battûta.

*

Le monde de la Ghouta s'est figé. Depuis plusieurs années, il a ravalé le drame comme s'il était condamné à subir sans ciller les terreurs du destin. Le peuple de Damas et de la Ghouta, assommé, a chancelé. Il survit et se raccroche au souvenir d'un âge d'or qui reviendra inévitablement un jour.

Au milieu de cette obscurité, il y a toi, Paolo, et bientôt une lumière ravive l'espoir. En 2013-2014, le bruit d'abord ténu de ta libération imminente s'amplifie. Certains membres de ta famille auraient été informés de tractations secrètes entre les autorités italiennes et Daech. Les négociateurs italiens auraient alors obtenu une preuve formelle de ta vie. Précisons que cet événement a toujours été nié par les autorités italiennes. Selon nos sources, les négociations avaient bien abouti, tout avait été réglé jusqu'à ce que, subitement, l'ambassadeur italien en Turquie demande d'arrêter tout échange avec le contact… et le dossier fut brusquement clôturé. Un jour, l'histoire peut-être lèvera le voile.

Négociation. Dans ce terme, il faut en retenir le triste essentiel : le négoce. Cette dernière hypothèse pourrait laisser espérer que tes ravisseurs soient de ceux qui ont besoin de liquidités : les révolutionnaires, même s'ils s'en défendent, mais ceux-là sont tes amis. Les djihadistes ? S'il s'agit d'une affaire d'argent, le constat est rude mais ouvre toutes les espérances. Ici, un personnage surgit de l'ombre et se dit prêt à vendre une vidéo récente qui te montre en vie. Le Saint-Siège s'y intéresse aussitôt, hélas sans succès : l'information s'avère dénuée de fondement. Une autre fois, l'Observatoire syrien des droits de l'homme annonce que tu as été vu dans une prison djihadiste de la région de Rakka. Le tournis nous prend. On ne sait plus où donner de l'espoir.

Soudain, le 7 février 2019, le quotidien britannique *The Times* donne de tes nouvelles. L'information est à prendre au sérieux : le journal a une grande réputation de rigueur professionnelle depuis sa fondation en 1785. L'article annonce que tu es vivant, sans utiliser la forme conditionnelle. Il s'agit d'une affirmation : *Father Paolo [...] is alive!*

Tu t'en doutes, l'émotion est immense, chez tes proches et chez tes sympathisants, comme au Vatican qui suit l'affaire depuis le début et prie pour ta libération. Le journal anglais donne même des précisions : tu es détenu avec deux autres otages occidentaux, une infirmière néo-zélandaise de la Croix-Rouge et un journaliste britannique, par des terroristes, dans l'un de leurs derniers bastions, à Baghouz, sur l'Euphrate, en Syrie. Ils vous utilisent comme monnaie d'échange pour se sortir d'une poche de territoire où ils sont encerclés. Les pourparlers avancent.

Ces deux épisodes, celui des négociations interrompues en Turquie et la révélation du *Times* confirment bien que tu n'as pas été exécuté le soir même de ton arrivée à Rakka, comme l'avait prétendu en 2013 un bruit public. Ta mort aurait été contreproductive, elle aurait risqué de faire de toi un martyr. Tu serais alors enfermé dans une prison du pouvoir ? Selon certains, la police syrienne t'a arrêté pour ne pas avoir respecté ton interdiction de présence sur le territoire, depuis ton expulsion. Pour les plus optimistes, si les autorités syriennes t'ont arrêté, elles se mettront en rapport avec le ministère italien des Affaires étrangères, t'expulseront de nouveau, et le problème sera réglé sans plus de complication.

D'autres assurent que les djihadistes se sont emparés de toi et t'ont remis aux autorités syriennes en monnaie d'échange. Là encore, ces personnes bien informées ajoutent des détails précis, étayant leur version : le nom de la prison où tu es détenu, le numéro de ta cellule... Cette hypothèse ne peut être écartée. Ne m'avais-tu pas dit toi-même suspecter une complicité entre les groupes islamistes et le pouvoir, afin de lutter ensemble contre l'Armée syrienne révolutionnaire ?

À l'annonce du *Times*, l'espoir renaît, la foi s'échauffe et s'emballe. Les séances de prière n'ont jamais cessé et aujourd'hui, les messes, les veillées se multiplient pour implorer le ciel, obtenir le pardon de tes excès, celui de tes geôliers et solliciter mille grâces en ta faveur. On en appelle aux saints et à leur intercession auprès de Dieu. La prière contribuera à ton salut, à n'en pas douter. Tous attendent avec ferveur ta libération imminente et y croient. Il ne peut en être autrement, tu es homme à te sortir des situations les plus inextricables.

Tu es vivant puisque la télévision d'État syrienne vient de l'annoncer. Tu es vivant puisque la plus grande agence de presse italienne ANSA relaye l'information. Tu es vivant, l'agence anglaise Reuters l'affirme aussi. Seul le Saint-Siège demeure circonspect et précise ne pas être en mesure de confirmer l'heureuse nouvelle qui émane des forces kurdes. *Le père Paolo Dall'Oglio pourrait être vivant*, titre *Vatican News*. « Pourrait »! Voilà bien un langage de pieuse précaution! On lui préfère l'information de la presse, fût-elle approximative ou erronée. On lui préfère la rumeur. D'autres ont bien été libérés ou sont parvenus à s'échapper. Pour beaucoup, cela ne fait aucun doute, tu es vivant. Tout n'est plus qu'une question de patience.

La situation s'étire et demeure confuse. Les versions contradictoires se multiplient et se bousculent. Les combattants révolutionnaires te connaissent et disent t'estimer, te respecter. Ils assurent ne plus être en contact avec toi et suggèrent de regarder vers le pouvoir. Certains sont formels : les autorités syriennes t'ont arrêté et éliminé. D'autres insistent et font remarquer la convergence de vue entre les islamistes et le régime de Bachar al-Assad : pour des raisons différentes, les deux ont en commun de vouloir se débarrasser de toi. Les premiers auraient pu t'enlever lors de tes tentatives de rencontres à Rakka, et t'échanger avec les seconds qui te gardent vivant dans leurs cachots, pour d'éventuelles transactions.

Dès après l'annonce de ta disparition, le ministère des Affaires étrangères italien a bien organisé une cellule de crise. Ses travaux demeurent secrets et aucune communication nouvelle ne vient éclairer les attentes. Certains estiment même que ce ministère tient à ne pas créer de vagues avec Bachar al-Assad. La politique a des exigences qui privilégient les relations d'État à État plutôt que le sort d'un individu en particulier, fût-il moine. On ne peut pas exclure que des échanges d'informations sensibles puissent avoir lieu entre les deux pays. Le régime syrien est en recherche de dissidents qui ont rejoint les rangs du Front révolutionnaire, ceux-là mêmes qui pourraient vouloir fuir le pays et émigrer en Italie, quitte à se faire passer pour des réfugiés. De même, côté italien, conserver le dialogue avec le pouvoir syrien peut s'avérer utile dans sa lutte contre le terrorisme. Tant de migrants ont passé la frontière, avec pourquoi pas, parmi eux, des agents du régime, ou des djihadistes qui présenteraient un réel danger pour le pays, aujourd'hui, ou dans l'avenir. Le ministère italien des Affaires étrangères assure suivre ta situation, même si elle lui demeure délicate. Pour Rome, si l'on s'en tient aux stricts faits, la Syrie te considère comme un agitateur, rangé aux côtés des révolutionnaires. Une mesure d'expulsion a été prononcée à ton encontre, mesure que tu n'as pas respectée à plusieurs reprises. Tu as donc pris des risques en pleine conscience. Dès lors, le silence du ministère italien des Affaires étrangères laisse entendre que le Vatican ou l'association catholique Sant' Egidio[2], bras discret du Saint-Siège, sont sans doute mieux placés pour suivre ton dossier.

2. Sant'Egidio est une association catholique engagée dans la lutte contre la pauvreté et le travail pour la paix. Elle compte aujourd'hui 60 000 laïcs, dans 74 pays à travers le monde.

Dans les milieux religieux, on se félicite comme on peut à l'instar de saint Thomas. Aucun indice de vie, aucun indice de mort. Nul n'a vu ton corps. Tous les espoirs sont permis. Tu as toujours défendu le parti des humbles, on ne peut que t'en louer, on apprécie ton cœur bouillonnant, même si l'on fait remarquer que tu as la fâcheuse habitude d'attiser les braises que l'on voudrait voir éteintes.

Le pape reste en lien proche avec ta famille qu'il reçoit et dont il partage la douleur. On sent néanmoins l'embarras : la réserve du gouvernement italien, la prudence du Saint-Siège, la gêne de la famille jésuite, la Compagnie de Jésus. Ton sort, l'affaire *padre* Paolo, est devenu une question des plus épineuses que l'on préfère oublier. Certains accusent sans ambages l'État italien comme les autorités religieuses d'enterrer délibérément le dossier. Mais, au Saint-Siège, on explique que, puisque d'autres chrétiens, dont certains Syriens, sont sans doute retenus dans les prisons du pouvoir d'Assad ou risquent de l'être un jour, il convient d'avancer délicatement. D'autres situations bien plus graves que la tienne et d'une tout autre ampleur atteignent le peuple syrien et principalement l'avenir des chrétiens de Syrie. Leurs diverses Églises préoccupent tout autant le pape, sinon davantage.

Peu après ta disparition en 2013, quand les interventions militaires étrangères se profilaient en Syrie, le Saint-Père en a appelé aux pays du G20 pour qu'ils renoncent à intervenir militairement sur les troupes de Bachar al-Assad ; les frappes du régime suffisaient aux douleurs de la population syrienne. Les États-Unis renoncent. La France oublie sa lointaine tradition protectrice des chrétiens de l'Empire ottoman et renonce aussi, même si certains s'offusquent de la recommandation d'apaisement papale : appeler au renoncement ne fait que favoriser le régime d'Assad.

Dans sa communication publique au moment de l'annonce du *Times*, le Saint-Père réclame avec insistance ta libération. Lancerait-il un tel appel s'il n'avait aucun signe de ta vie ? Et à qui adresse-t-il son message ?

À Bachar al-Assad ? Aux révolutionnaires ? Aux djihadistes ? Aux ravisseurs quels qu'ils soient ? Ou *Urbi et orbi* ?

Pas un mot sur l'avancée des recherches. Pas d'indication sur le moindre embryon de piste. Un prêtre italien, qui dépend d'un État aussi riche que le Vatican, présente pourtant un sérieux potentiel d'accommodement financier du point de vue de preneurs d'otages.

Curieux !

Un constat s'impose. Depuis ta disparition en juillet 2013 et à part l'épisode de Turquie, à notre connaissance, nul n'a jamais formellement revendiqué ton enlèvement ou ta détention.

Entre-temps, les années de massacres sur la Syrie se poursuivent, des années de douleurs. Combien de familles syriennes ont enterré les leurs, à même la terre, dans le linceul de l'islam, ou, pour les chrétiens d'Orient, dans un cercueil blanc couvert de fleurs et d'angelots dorés ? Les plus démunis s'habituent à la guerre, si tant est que l'on puisse s'en arranger, quand d'autres, fuyant la mort ou rêvant d'un Eldorado de soins et d'études pour leurs enfants, tentent d'avancer le plus loin possible vers l'Europe, atteignent pour les plus chanceux les îles grecques, les frontières serbo-croates, l'Allemagne, l'Italie, la France, l'Angleterre… ou périssent dans les flots. Ces damnés de l'exil espèrent tout de la Providence. La tentation d'Occident les a gagnés depuis longtemps. Les passeurs les y attendent.

Au milieu de ce tourbillon impétueux, ce maelström, il y a toi, Paolo. Où est cet autre temps où nous lisions ensemble l'amour de Lamartine pour la Syrie ? Où est cet autre temps où le poète effectuait en famille son captivant *Voyage en Orient*, où il pouvait sans crainte étancher sa soif de la moindre merveille : « Labyrinthe de jardins, de palais, de ruisseaux, où l'œil se perdait, et ne quittait un enchantement que pour en retrouver un autre. »

En d'autres temps.

Et toi aujourd'hui ? À chaque nouvelle, ta famille tremble, tes amis, ceux de ta communauté comme ceux des associations qui se sont constituées pour œuvrer, dans la mesure d'un possible hélas limité, à ta libération, et poursuivent ta mission, Relief & Reconciliation for Syria, Les amis de Mar Moussa… Elles s'évertuent à rappeler ton engagement spirituel, civil et social, ton acharnement viscéral au dialogue des cultures et des religions, et ton attachement à la dignité pour tous, avec en objectif, sans doute utopique, l'unité du genre humain.

Pris entre les sentiments confus de révolte, de découragement et d'espoir, je referme cet hommage que je tiens à te rendre, cher Paolo, hommage aussi à ceux qui hurlent en silence leur souffrance, leur douleur physique et morale, et leur rage devant les irrémédiables destructions du berceau de l'humanité.

Ce livre est un modeste acte de foi qui ne veut pas désespérer de ta libération, ne pas désespérer de la raison. Utopie ? Inconscience ? Aveuglement ? Obstination ? Quand bien même resterait-il 50 % de chance que tu sois vivant, voire 10 %, ou même un seul minuscule pour cent, il nous faut garder espoir, toujours l'espoir.

Tu ne t'es pas contenté de vivre l'extase du surnaturel, Paolo, même si tu as toujours prôné l'amour divin qui relie les êtres vivants entre eux, tous, comme toutes choses, l'amour plus immense que le début et la fin, plus vaste que le temps. Tu poussais cet amour de ton prochain jusqu'à l'abnégation. En mars 2013, à Paris, tu m'avais dit t'être sérieusement engagé dans la voie du sacrifice pour l'autre, pour un frère en humanité. Tu prônais ce don de soi supérieur qui tend au martyre, et tu envisageais de livrer ta personne à ceux qui détenaient des Syriens, des jeunes en particulier, qui auraient dû avoir l'avenir devant eux. Souffrir à la place d'autrui, te rendre otage volontaire en échange de la liberté pour un prisonnier. Une vie pour une autre. L'acte de *badalya*, l'acte de substitution. En refermant ce livre, je veux y croire, et ainsi croire que tu attends, que tu es vivant.

Les êtres d'exception ne meurent jamais, Paolo.

# Bibliographie

Charles de Foucauld, *Lettre au père Jérôme*, mai 1898.

Christian de Chergé, *Testament spirituel du frère Christian*, in *Sept vies pour Dieu et l'Algérie*, textes recueillis et présentés par Bruno Chenu, Bayard Éditions/Centurion, 1996.

*Le Coran. Sourate VI : Les Troupeaux*, 93, traduction de D. Masson, Gallimard, 1967.

Abî al-Mansûr, Ibn Fadlân, Ibn Jubayr, Ibn Battûta, Nûr ad-Dîn, *Voyageurs arabes*, traduction Paule Charles-Dominique, Gallimard, 1995.

*L'Évangile selon saint Matthieu*, in *La Bible de Jérusalem*, Éditions du Cerf, 1973.

Saint Augustin, *Les Confessions*, précédées de *Dialogues philosophiques*, sous la direction de Lucien Jerphagnon, Gallimard, « Bibliothèque de la Pléiade », 1998.

**Ouvrages de Paolo Dall'Oglio**

*Amoureux de l'Islam, croyant en* Jésus, avec la collaboration d'Églantine Gabaix-Hialé, Éditions de l'Atelier/Éditions Ouvrières, 2009.

*La Rage et la lumière,* avec la collaboration d'Églantine Gabaix-Hialé, Éditions de l'Atelier/Éditions Ouvrières, 2013.

À signaler également, un livre-témoignage consacré à Paolo Dall'Oglio :

Guyonne de Montjou, *Mar Moussa, un monastère, un homme, un désert*, Albin Michel, 2006.

L'intégralité des droits d'auteur de ce livre est versée à Relief & Reconciliation for Syria, association internationale cofondée en 2013 par Paolo Dall'Oglio.

Depuis, l'association anime un Centre de Paix dans l'Akkar, région pauvre du Liban, à 12 km de la frontière syrienne. Suivant les principes de dialogue des cultures et des religions, et de solidarité spirituelle, chers à Paolo, Relief & Reconciliation for Syria tend à unir les communautés diverses et parfois opposées de la région, communautés chrétiennes aussi bien que musulmanes sunnites et alaouites, autour d'une cause commune : l'avenir des jeunes. L'association entretient cinq centres de formation dans la région frontalière libano-syrienne où des volontaires internationaux et des professeurs locaux dispensent leur enseignement à plusieurs centaines de jeunes réfugiés syriens et libanais, plus de 3 000 à ce jour. Merci à Friedrich Bokern, secrétaire général et cofondateur de l'association.

www.reliefandreconciliation.org
@relief4syria sur Facebook, Instagram
ou Twitter

## Du même auteur

*Si nous nous taisons*, Calmann-Lévy, 2001 ; Pocket, 2009. Prix Montyon de littérature et philosophie de l'Académie française – Prix Lyautey de l'Académie des sciences d'Outre-mer. Prix Liberté.

*Variations indigo*, avec Rachid Koraïchi, Éditions du Musée de Marseille, 2003.

*Lettres à Dieu* (coll.), Calmann-Lévy, 2004; J'ai Lu, 2005.

*Je crois, moi non plus*, avec Frédéric Beigbeder et Jean-Michel di Falco, Calmann-Lévy, 2004; LGF, 2008.

*Le Prince de Dieu*, Flammarion, 2008; LGF, 2010.

*Le Messager d'Harân*, Flammarion, 2008; LGF, 2010.

*Ces chrétiens qu'on assassine*, Flammarion, 2009; Pocket, 2011. Prix des Droits de l'Homme.

*En quête de vérité*, Calmann-Lévy, 2011 ; Pocket, 2013.

*La France des intégristes*, Flammarion, 2013. Mention spéciale Littérature et droits de l'Homme, ville de Nancy.

*L'Entre-temps*, Calmann-Lévy, 2013 ; LGF, 2014.

*Mémoires fauves*, Calmann-Lévy, 2015.

*Dictionnaire amoureux de l'Orient*, Plon, 2016.

*Blessures d'Orient*, Galaade, 2016.

*Fauves*, Éditions Fauves/Pygmalion, 2017.

*Arthur et Paul, la déchirure*, Robert Laffont, 2018.

*Les 100 mots de Rimbaud*, PUF, « Que sais-je? », 2020.

*Africa*, avec Plantu et Cartooning for peace, Calmann-Lévy, 2021.

*Trois minutes pour comprendre 50 moments-clés de l'histoire de l'Orient*, Le Courrier du Livre, 2022.

Achevé d'imprimer par
Normandie Roto Impression s.a.s.
en juin 2023,
N° d'imprimeur : 2302397
Dépôt légal : septembre 2023

*Imprimé en France*